한눈에 펼쳐보는
24절기 그림책

글 지호진 | 그림 이혁

차례

- ③ **24절기** 二十四節氣
- ④ **입춘** 立春
- ⑥ **우수** 雨水
- ⑧ **경칩** 驚蟄
- ⑩ **춘분** 春分
- ⑫ **청명** 淸明
- ⑬ **곡우** 穀雨

- ⑭ **입하** 立夏
- ⑯ **소만** 小滿
- ⑰ **망종** 芒種
- ⑱ **하지** 夏至
- ⑳ **소서** 小暑
- ㉑ **대서** 大暑

- ㉒ **입추** 立秋
- ㉔ **처서** 處暑
- ㉖ **백로** 白露
- ㉗ **추분** 秋分
- ㉘ **한로** 寒露
- ㉙ **상강** 霜降

- ㉚ **입동** 立冬
- ㉜ **소설** 小雪
- ㉝ **대설** 大雪
- ㉞ **동지** 冬至
- ㊱ **소한** 小寒
- ㊳ **대한** 大寒

- ㊵ **찾아보기**

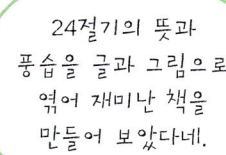

24절기의 뜻과 풍습을 글과 그림으로 엮어 재미난 책을 만들어 보았다네.

24절기 二十四節氣

지구에서 본 태양의 움직임에 따라 일 년을 24개로 나눈 것을 '절기'라고 해요.
우리 조상들은 예로부터 절기를 계절의 기준으로 삼고 농사와 생활에 이용해 왔어요.
절기에 행해지는 여러 가지 재미있고 뜻깊은 풍습도 생겨났지요.
각각의 절기 이름은 어떻게 붙여졌을까요? 그리고 절기마다
어떤 흥미로운 일들이 벌어졌을까요?

24절기 그림책과 함께 신나고 즐거운 절기 여행을 떠나요. 출발~

冬 (겨울)

입동(立冬) 11월 7일 무렵
겨울이 시작되는 날

소설(小雪) 11월 22일 무렵
겨울 첫눈이 내림

대설(大雪) 12월 7일 무렵
큰 눈이 내림

동지(冬至) 12월 22일 무렵
밤이 가장 긴 겨울날

소한(小寒) 1월 5일 무렵
겨울 중 가장 추운 때

대한(大寒) 1월 20일 무렵
큰 추위가 옴

春 (봄)

입춘(立春) 2월 4일 무렵
봄의 시작을 알리는 날

우수(雨水) 2월 19일 무렵
봄비가 내리고 새싹이 돋아남

경칩(驚蟄) 3월 5일 무렵
겨울잠 자던 동물들이 꿈틀꿈틀

춘분(春分) 3월 21일 무렵
봄의 중심이 되는 날

청명(清明) 4월 5일 무렵
본격적인 논농사 준비

곡우(穀雨) 4월 20일 무렵
곡식을 키우는 비가 내림

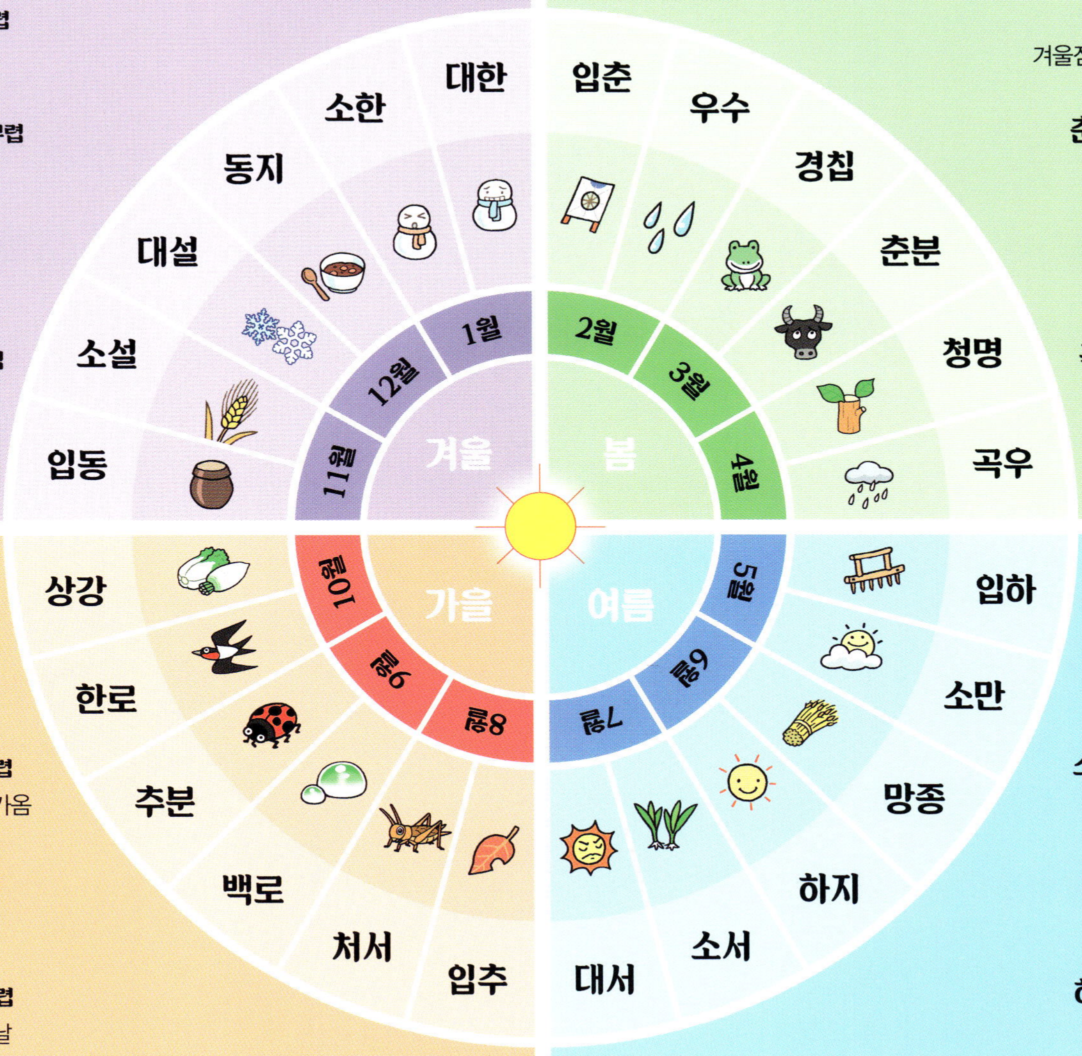

秋 (가을)

입추(立秋) 8월 7일 무렵
가을의 시작을 알리는 날

처서(處暑) 8월 23일 무렵
더위가 그치고 가을이 다가옴

백로(白露) 9월 8일 무렵
이슬이 맺히기 시작

추분(秋分) 9월 23일 무렵
가을의 한가운데가 되는 날

한로(寒露) 10월 8일 무렵
찬 이슬이 맺히기 시작

상강(霜降) 10월 23일 무렵
서리가 내리는 마지막 가을

夏 (여름)

입하(立夏) 5월 5일 무렵
여름이 시작되는 날

소만(小滿) 5월 21일 무렵
농사일로 바쁜 하루하루

망종(芒種) 6월 6일 무렵
보리 베고 모 심는 날

하지(夏至) 6월 21일 무렵
낮이 가장 긴 여름날

소서(小暑) 7월 7일 무렵
여름 더위와 장마의 시작

대서(大暑) 7월 23일 무렵
무더운 여름날

2월 4일 무렵
입춘 立春

새해 봄의 시작을 알리는 날

24절기 중 첫 번째 절기는 입춘이에요. 큰 추위가 온다는 대한과 추위로 얼었던 강이 녹는다는 우수 사이에 있어요. 양력 2월 3일에서 5일 무렵이 되지요. 입춘은 한자어로 '서다', '이루어지다', '정해지다'를 뜻하는 '입(立)' 자에 봄을 일컫는 '춘(春)' 자가 합쳐진 말로, 봄의 시작의 알리는 날이에요.

입춘이 되었다고 해서 추위가 물러난 것은 아니에요. 보통 새해를 여는 첫날인 설날이 이때 즈음인데 추위가 여전히 매섭게 기승을 부려요. 그렇지만 옛사람들은 입춘이라는 이름에 맞게 새해와 봄을 맞을 준비로 들떠 있었어요. 봄을 맞이하는 여러 가지 행사도 벌였지요.

봄맞이 축하 글쓰기

입춘이 되면 봄맞이를 축하하고 새해에 좋은 일이 생기기를 기원하는 글을 써서 집의 중요한 곳에 붙이는데, 이를 '입춘방' 또는 '입춘첩'이라고 해요. 궁궐에서도 입춘이면 나라와 왕실에 좋은 일이 있기를 바라는 뜻으로, 신하들이 임금에게 지어 올린 시 중에 좋은 것을 뽑아 연잎과 연꽃무늬를 그린 종이에 써서 궁궐 기둥과 난간에 붙였어요. 이는 봄에 붙이는 글이라 하여 '춘첩자'라고 불러요.

'입춘대길', '건양다경', '수여산 부여해'

옛사람들이 입춘방으로 가장 많이 쓴 글귀는 '입춘대길(立春大吉)'과 '건양다경(建陽多慶)'으로 두 글귀를 짝지어서 한자로 써서 붙였어요. 입춘대길은 입춘을 맞아 큰 복을 받기를 바란다는 뜻이고, 건양다경은 밝은 기운이 일어나 기쁜 일이 많이 생기기를 바란다는 뜻이에요. '산처럼 건강하고, 바다처럼 넉넉하다'라는 뜻의 '수여산 부여해(壽如山 富如海)'란 글귀를 쓰기도 했어요.

보리 뿌리로 한 해 풍년 점치기

농사를 짓는 집에서는 입춘에 보리 뿌리를 캐 보아 그해 농사가 잘될 것인지 아닌지 점치기를 했는데, 이를 '보리뿌리점'이라 불러요. 보리 뿌리가 세 가닥 이상이면 수확이 많은 풍년, 두 가닥이면 풍년도 흉년도 아닌 평년, 한 가닥이면 수확이 매우 적은 흉년이 될 것이라고 여겼어요.

오곡으로 점치기

콩이나 수수, 팥 등과 같은 다섯 가지 곡식으로 점을 치기도 했어요. 오곡을 솥에 넣고 볶아서 맨 먼저 솥 밖으로 튀어나오는 곡식이 그해 농사가 제일 잘될 것이라고 생각했대요.

궁중에서는 오신반을 수라상에 올렸어요

겨울 움 속에서 자란 움파와 산에서 자란 산갓, 당귀 싹 등의 햇나물을 눈 밑에서 캐내어 임금님께 바치면, 궁중에서는 입춘 날 이것을 겨자와 함께 무쳐 수라상에 올렸어요. 이 음식을 '오신반'이라 불렀는데, 다섯 가지의 매운맛이 있는 나물로 만든 음식이라는 뜻이에요. 추운 겨울을 지내는 동안 부족했던 신선한 채소의 맛을 보려는 것이었죠. 이것을 본떠 백성들에게도 입춘에 눈 밑에 돋아난 햇나물을 뜯어다가 무쳐서 입춘 음식으로 먹는 풍속이 생겨났어요.

입춘 전날이 명절!

일본에서는 봄, 여름, 가을, 겨울, 각 계절이 시작되는 절기인 입춘, 입하, 입추, 입동의 전날을 '절분'이라고 부르는데, 그중에서도 입춘의 전날을 명절로 지내요. 이때 '귀신은 밖으로 복은 안으로'라는 말을 외치며 집안에 콩을 뿌리고, 뿌린 콩을 자신의 나이만큼 주워 먹는 행사를 해요. 김밥을 만들어 자르지 않고 먹는 풍습도 있대요.

입춘에 대한 속담

입춘 추위에 김칫독 얼어 터진다
입춘인데도 추위가 매섭게 기승을 부리는 것을 빗대어 하는 말로 입춘 무렵에는 꼭 큰 추위가 찾아온다는 뜻이에요.

입춘 거꾸로 붙였나
봄이 시작된다는 입춘이 지나서도 날씨가 몹시 추울 때 우스갯소리로 하는 말이에요.

가게 기둥에 입춘이라
보잘것없는 가겟집 기둥에 '입춘대길'을 써 붙인다는 뜻으로 제격에 맞지 않고 지나치다는 뜻의 속담이에요.

2월 19일 무렵
우수 雨水

추위가 풀리며 얼었던 강이 녹는 날

24절기 중 두 번째 절기는 우수예요. 입춘과 겨울잠을 자던 동물들이 놀라서 깬다는 경칩 사이에 있는 날이에요. 입춘으로부터 보름 뒤인 양력 2월 18일이나 19일이 되지요. 우수는 한자어로 비 '우(雨)' 자에 물 '수(水)' 자가 합쳐진 말로, 눈이나 얼음이 녹아서 비나 물이 된다는 뜻이에요. 따사로운 봄비에 겨우내 쌓였던 눈과 얼음이 녹으면서 겨울이 마무리되고 본격적으로 봄이 시작되는 때이지요.

우수 무렵이면 우리나라에서 겨울을 난 기러기가 떼를 지어 북쪽으로 날아가요. 겨울 추위를 피해 가을에 남쪽으로 내려왔다가 봄이 되어 날이 풀린 북쪽으로 다시 돌아가는 것이지요.

씨앗 고르기와 논밭 태우기

우수가 되면 어느새 새싹이 파릇파릇 돋아나요. 농촌에서는 한 해 농사 계획을 세우고 본격적인 준비에 들어가요. 지난해 모아 둔 씨앗들을 꺼내 좋은 씨앗을 골라내고, 논밭 태우기를 해서 숨어 있는 해충이나 알을 태워 버려요.

장 담그기

우수가 있는 달에는 장을 담그기도 했어요. 옛사람들은 우수 무렵인 정월(음력 1월)에 담근 장을 최고의 장으로 여겼거든요. 이때 장을 담그면 40일 정도 뒤인 청명과 곡우라는 절기 사이에 건더기(된장)와 장물(간장)을 가를 수 있는데, 이 시기가 된장이 발효되기 가장 적당한 날씨라서 된장이 맛있게 익기 때문이래요.

묵은 나물과 **봄나물** 먹기

우수 무렵에 명절인 대보름(음력 1월 15일)이 있어요. 대보름에는 지난해 농사지은 쌀과 팥, 조, 콩, 수수 등으로 맛있는 오곡밥을 지어요. 계절별로 말려 놓았던 묵은 나물을 물에 불려 양념에 무치고, 달래나 냉이, 봄동 등 언 땅을 녹이며 올라오는 봄나물도 무쳐서 함께 먹어요.

중순 이후에 드는 절기

입춘은 2월 초순에 들고 우수는 2월 중순에 드는 절기예요. 중순에 드는 절기를 '중기(中氣)'라고 하는데, 옛사람들은 24절기를 12절기와 12중기로 나누어 불렀어요. 절기는 매월 4일에서 8일 사이에 오고, 중기는 19일에서 23일 사이에 오지요.

*양력

월	절기	중기	월	절기	중기
2	입춘	우수	8	입추	처서
3	경칩	춘분	9	백로	추분
4	청명	곡우	10	한로	상강
5	입하	소만	11	입동	소설
6	망종	하지	12	대설	동지
7	소서	대서	1	소한	대한

우수에 대한 속담

우수 경칩에 대동강 물이 풀린다

우수와 경칩이 지나면 아무리 춥던 날씨도 누그러진다는 뜻이에요.

우수 뒤에 얼음같이

우수가 지나면 춥던 날씨도 누그러진다 하여 얼음이 슬슬 녹아 없어짐을 말해요.

3월 5일 무렵
경칩 驚蟄

겨울잠 자던 동물들이 꿈틀꿈틀

24절기 중 세 번째 절기인 경칩은 겨울의 한가운데인 동지가 지난 지 74일째가 되는 날이에요. 양력 3월 5일이나 6일 무렵이 되지요. 경칩은 한자어로 놀랄 '경(驚)' 자에 겨울잠 자는 벌레 '칩(蟄)' 자가 합쳐진 말로, 겨울잠을 자던 동물이 놀라 깨어나는 때라는 말이에요. 겨울잠을 자던 동물들이 무엇 때문에 놀라서 깨어났을까요?

옛사람들은 동물들이 천둥소리를 듣고 놀라 깨어난다고 생각했어요. 경칩 무렵에 차가운 대륙성 고기압이 약해지고 이동성 고기압과 기압골의 영향을 받아 천둥이 칠 때가 많거든요. 하지만 겨울잠을 자던 동물들을 진짜로 깨운 것은 어쩌면 따뜻한 봄기운일지도 몰라요.

은행나무 씨앗으로 사랑 고백하기

옛사람들에게 경칩은 오늘날 밸런타인데이와 같은 사랑을 고백하는 날이었어요. 경칩 날이면 젊은 남녀가 선물로 주고받은 은행나무 씨앗을 나눠 먹으며 서로의 사랑을 확인했다고 해요. 암수가 서로 떨어져 열매를 맺는 은행나무처럼 순결하고도 애틋한 사랑을 바라면서 말이지요. 씨앗 껍질이 단단해도 한번 싹을 틔우면 천 년을 살아가는 은행나무와 같은 영원한 사랑을 꿈꾸기도 했대요.

고로쇠 물 마시기

경칩에는 단풍나무나 단풍나뭇과에 속하는 낙엽수인 고로쇠나무를 베어 나무에서 나오는 수액을 마시기도 했어요. 이 물을 마시면 여름에 더위를 타지 않고 위장병이 나으며, 뼈도 튼튼해진다고 생각했대요. 지금도 경칩 무렵이면 지리산 주변에 고로쇠 물을 먹으려는 사람들이 북적여요.

흙벽 바르기

우리 조상들은 경칩에 흙을 다루는 일을 하면 일 년 내내 사고나 병이 생기지 않는다고 하여 흙을 벽에 바르거나 흙담을 쌓기도 했어요. 특히 경칩 때 벽을 바르면 빈대가 없어진다고 해서 일부러 흙벽을 바르기도 했대요.

선농단에서 제사 지내기

조선 시대에는 임금이 나라의 한 해 풍년을 기원하며 직접 '선농제'라는 제사를 지냈어요. 중국 고대 전설에서 농사법을 가르쳤던 농업의 신 '신농씨'와 곡식의 신이자 농사를 발달시켰다는 '후직씨'를 기리는 제사로, 경칩이 지난 뒤 서울 동대문 밖 보제원 동쪽(지금의 제기동)에 있는 선농단에서 지냈지요. 행사를 마친 뒤에는 국밥을 나누어 먹었는데, 이 음식이 바로 소의 머리나 내장, 뼈다귀 등을 푹 삶아서 만든 국에 밥을 말아 먹는 '설렁탕'이에요.

미국에도 경칩과 비슷한 날이 있어요

미국에서는 매년 2월 2일을 '그라운드호그 데이'라고 불러요. '마멋'이라고도 불리는 큰 다람쥐의 일종인 그라운드호그를 통해 봄이 언제 올지 예측해 보는 행사를 하는데, 겨울잠에서 깨어난 그라운드호그가 집 밖으로 나올 때 자기 그림자를 못 보고 집을 떠나면 이른 봄이 오고, 그림자를 보고 놀라 집으로 돌아가면 6주 뒤에나 봄이 온다고 하네요.

경칩에 대한 속담

우수에 풀렸던 대동강이 경칩에 다시 붙는다
우수를 지나 조금 따뜻해졌던 날씨가 경칩 무렵에 다시 추워진다는 뜻이에요.

소대한에 얼어 죽지 않는 놈이 우수 경칩에 얼어 죽을까
견디기 어려운 큰 시련을 극복해 낸 사람이 사소한 시련을 극복하지 못할 리가 없다는 말이에요.

경칩 지난 게로군
경칩이 되면 벌레가 입을 떼고 울기 시작하듯이 입을 다물고 있던 사람이 말문을 연다는 뜻이에요.

3월 21일 무렵
춘분 春分

봄의 중심이 되는 날

춘분은 24절기 중 네 번째 절기예요. 경칩과 청명 사이에 있는 절기로 양력 3월 20일이나 21일 무렵이지요. 춘분은 한자어로 봄 '춘(春)' 자에 나눌 '분(分)' 자가 합쳐진 말인데, 봄을 나눈다는 게 무슨 말일까요? 춘분이라는 날이 봄을 둘로 나누는 중심이 되는, 즉 봄의 한가운데 있다는 뜻이에요. 춘분에는 태양의 중심이 적도 위를 똑바로 비추어 낮과 밤의 길이가 같은데, 옛사람들은 추위와 더위도 반반으로 같다고 보았대요.

춘분이 되면 농촌에서는 이른 봄에 심어 첫여름에 거두는 봄보리를 심기 위해 밭을 갈고, 논두렁이나 밭두렁에 말뚝을 박거나 담을 고쳤어요. 궁궐에서는 추위를 관장하는 신에게 제사를 지냈지요.

얼음을 꺼내며 지내는 제사, 사한제

고려와 조선 시대에는 나라에서 얼음 창고인 빙고를 만들어 겨울에 얼린 얼음을 보관해 두었다가 더운 날에 사용했어요. 궁중에서 제사와 잔치 등에 주로 쓰였고 임금이 신하들에게 내려 주기도 했어요. 얼음을 빙고에 넣는 섣달(음력 12월)과 빙고의 문인 빙실을 여는 춘분에 추위를 담당하는 신에게 제사를 지냈는데, 이를 '사한제'라고 해요. 추위를 담당하는 신을 '사한'이라고 불렀거든요.

나이떡과 머슴떡 먹는 날

우리 조상들은 춘분을 '나이떡 먹는 날'이라 부르며 온 가족이 모여서 송편과 비슷한 '나이떡'을 먹었어요. 아이는 작게 빚고 어른은 크게 빚어 각각 자신의 나이만큼 먹었다고 해요. 한편 춘분 무렵 본격적인 농사를 시작하면서 마을의 머슴들을 불러 모아 한 해 농사가 잘되길 기원하며 나이떡을 나눠 먹었기 때문에 '머슴떡'이라고도 불렀대요.

춘분 날씨로 한 해 농사 점치기

18세기 쓰여진 농서 《증보산림경제》에는 "춘분에 비가 오면 병자가 드물고, 해가 뜰 때 정동(正東) 쪽에 푸른 구름 기운이 있으면 보리 풍년이 든다. 청명하고 구름이 없으면 만물이 제대로 자라지 못하고 열병이 많다."는 내용이 기록되어 있어요. 춘분 날씨로 한 해 농사를 점친 것이지요.

춘분이 설날!

이집트와 로마, 페르시아 같은 고대 제국들은 춘분을 새해가 시작되는 날로 여기고, 명절이나 기념일로 삼아 축제나 새해 행사를 벌였어요. 오늘날에도 페르시아에 뿌리를 둔 이란이나 튀르키예, 아프가니스탄 등의 나라에서는 춘분을 '노루즈'라 부르며 새해 첫날 명절로 지내요. 고대에 태양신을 섬겼던 중남미 국가 멕시코 역시 춘분을 새해 첫날로 기념하고 있어요.

유월절과 부활절

유대인들도 춘분을 새해가 시작하는 날로 삼고 유대인 명절인 유월절을 춘분 다음에 오는 첫 보름날로 정했어요. 기독교에서는 325년부터 부활절을 춘분 뒤 첫 보름날 다음에 오는 첫 일요일로 정해서 지키고 있어요.

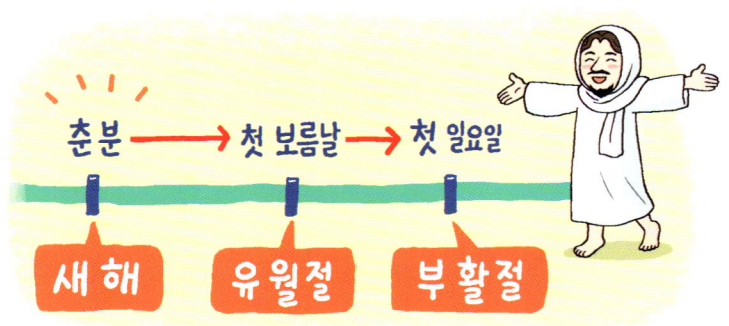

춘분에 대한 속담

이월 바람에 검은 쇠뿔이 오그라진다
춘분 무렵인 음력 2월에 부는 바람이 검은 암소의 뿔을 오그라뜨릴 정도로 몹시 세고 차다는 뜻이에요.

꽃샘에 설늙은이 얼어 죽는다
꽃샘추위를 일컫는 말로 춘분 이후에도 꽤 추운 날씨가 있음을 뜻하는 속담이에요.

춘분날 밭을 갈지 않으면 일 년 내내 배부르지 못하다
농사가 시작되는 춘분에 밭갈이 등 농사 준비를 잘해야 한 해 동안 걱정 없이 풍족하게 지낼 수 있다는 뜻이에요.

4월 5일 무렵
청명 淸明

날씨는 맑고 봄바람은 부드럽고

24절기 중 다섯 번째 절기는 청명이에요. 춘분과 곡우 사이에 있는 절기로 양력 4월 5일이나 6일 무렵이지요. 청명은 한자어로 맑을 '청(淸)' 자에 밝을 '명(明)' 자가 합쳐진 말이에요. 날이 맑고 밝다는 뜻으로 대기, 즉 지구를 둘러싸고 있는 공기가 맑고 밝은 것을 말해요.

청명에는 날씨가 맑아지고 따뜻해지기에 차갑던 바람도 선선하고 부드럽게 느껴져요. 우리 조상들은 이 무렵 산소를 돌보거나 집수리를 하는 등 겨우내 미루어 두었던 일들을 했어요. 농가에서는 본격적으로 논농사 준비 작업을 하고, 바다에서는 어부들의 조기잡이가 한창이었지요. 청명에 나무를 심으면 잘 자란다 하여 나무를 심기도 했어요.

청명 무렵 민족의 명절 **한식**이 있어요

한식은 설날, 추석, 단오와 함께 우리나라의 4대 명절에 속해요. 한식(寒食)은 한자어로 '찬 음식'이라는 뜻으로 옛 풍습에서 생겨난 말이에요. 옛 기록에 따르면, 청명 날 버드나무와 느릅나무를 비벼 새 불을 일으켜 임금에게 바치면 임금은 이 불을 정승과 판서를 비롯한 신하들과 고을의 수령들에게 나누어 주었대요. 한식 날 수령들이 다시 이 불을 백성에게 나누어 주었는데, 묵은 불을 끄고 새 불을 기다리는 동안 밥을 지을 수 없어 찬밥을 먹는다고 해서 한식이라고 부르게 되었대요. 한식에는 조상의 산소를 찾아 제사를 지내고 묘를 돌보는 풍습도 있어요.

> 성묘하기, 찬 음식 먹기.

청명에 심는, 내 나무

청명은 보통 한식 하루 전날이거나 한식과 같은 날이 많은데, 재미있게도 오늘날의 식목일과 겹치는 경우도 흔해요. 청명에 나무를 심으면 잘 자랐기 때문에 이날 여자아이를 낳으면 시집갈 때 가져갈 장롱을 만들 재목감으로 오동나무를 심고 이를 '내 나무'라고 불렀대요. 현재의 식목일도 예부터 전해지는 나무 심기 좋은 절기를 따른 것이지요.

가래질도 하고 **청명주**도 마시고

청명 무렵에는 논밭의 흙을 고르는 가래질을 시작하는데, 특히 논농사를 준비하는 작업이었지요. 부지런히 논밭을 갈고 난 뒤에는 찹쌀로 죽을 쑤어 누룩과 밀가루를 넣어 빚은 술을 마셨는데, 이때 담가 마시는 술을 청명에 마시는 술이라 하여 '청명주'라 불러요.

청명에 대한 속담

한식에 죽으나 청명에 죽으나
한식과 청명은 하루 사이거나 같은 날이므로 하루 빨리 죽으나 늦게 죽으나 마찬가지라는 말이에요. 이것이나 저것이나 크게 다르지 않다는 뜻이죠.

청명에는 부지깽이를 꽂아도 싹이 난다
청명에는 부지깽이와 같이 생명을 다한 나무토막을 꽂아도 다시 살아난다는 뜻으로, 청명에 심으면 무엇이든 잘 자라는 것을 빗대어 이르는 말이에요.

4월 20일 무렵
곡우 穀雨

곡식을 키우는 봄비가 내리는 날

곡우는 24절기 중 여섯 번째 절기이며 봄의 마지막 절기예요. 청명과 여름의 시작인 입하 사이에 있으며 양력 4월 20일이나 21일 무렵이지요. 곡우는 한자어로 곡식 '곡(穀)' 자에 비 '우(雨)' 자가 합쳐진 말로, 곡식비는 '곡식에 필요한 비' 또는 '곡식을 키우는 비'를 일컬어요. 즉 봄비가 내려 곡식을 기름지게 하는 날이란 뜻이지요. 곡우는 이름처럼 농사와 비, 물과 관계가 무척 깊어요.

곡우 무렵이면 못자리를 마련하는 것에서부터 본격적인 농사철이 시작되지요. 못자리에서 모를 기를 때 모판의 물을 잘 관리하는 것이 무엇보다 중요하므로, 곡우에 비가 잘 내려서 물이 충분해져야 못자리를 잘 만들 수 있어요. 곡우에는 벼뿐만 아니라 콩과 옥수수 등 여름에 쑥쑥 자라는 농작물도 심었는데, 이처럼 곡우는 곡식을 키우는 데 무척 중요한 날이에요. '곡우에 모든 곡식이 잠을 깬다'는 말이 있을 정도로요.

못자리 만들기

못자리는 볍씨(벼의 씨앗)를 물에 담가 싹을 틔워 기르는 자리로, 농기구인 가래로 논에서 흙을 퍼내는 작업을 하며 만들어요. 볍씨를 물에 담가 둘 때는 그 위에 솔가지를 덮어서 밖에서 나쁜 일을 당한 사람은 이를 보지 못하게 했는데, 그런 사람이 볍씨를 보면 싹이 잘 트지 않고 농사를 망친다고 믿었기 때문이래요.

곡우물 마시기

곡우 무렵은 나무에 물이 가장 많이 오르는 시기이지요. 몸에 좋은 약수로 알려진 자작나무, 박달나무, 산다래나무 등에 상처를 내어 거기서 나오는 물을 받아 마셔요.

곡우살이 먹기

곡우에는 조기가 많이 잡히는데, 이 무렵에 잡히는 조기를 '곡우살이'라고 불렀어요. 곡우살이가 살이 연하고 맛있다고 알려지면서 곡우 때 조기를 먹는 풍습이 생겨났어요.

곡우에는 모란 꽃놀이

옛 중국에서는 모란이 피는 곡우가 되면 모란을 구경하며 즐기는 꽃놀이를 하거나, 모란의 아름다움을 그림이나 시로 표현했어요. 모란 꽃을 '곡우화'라고 부르기도 했지요. 한편 중국 북쪽 지방에서는 곡우에 어부들이 바다의 신에게 물고기가 많이 잡히기를 바라는 제사를 지냈다고 해요.

곡우에 대한 속담

**곡우에 비가 오면 풍년 든다 /
곡우에 가물면 땅이 석 자가 마른다**

곡우 무렵의 비는 못자리 물로 쓰기 좋기 때문에 곡우에 비가 오면 풍년이 들고, 가물면 그해 농사가 어려울 수 있다는 뜻이에요.

곡우가 넘어야 조기가 운다

조기는 곡우가 지나서 잡는 것이 좋다는 뜻의 속담이에요.

5월 5일 무렵
입하 立夏

여름이 시작되는 날

24절기 중 일곱 번째 절기는 입하예요. 여름의 첫 번째 절기로 곡우와 소만 사이에 있어요. 양력 5월 5일이나 6일 무렵이지요. 입하는 한자어로 설 '입(立)' 자에 여름 '하(夏)' 자가 합쳐진 말인데, '입(立)' 자는 '이루어지다', '이르러 마주하다'란 뜻도 갖고 있어요. 즉 여름이 시작되었다는 말이지요.

입하 무렵이면 산과 들의 나뭇잎이 무성해지면서 연한 초록빛으로 물들고, 한낮에는 살짝 여름이 느껴지는 더위가 찾아오기도 해요. 연못이나 수풀, 논두렁에서는 개구리 우는 소리가 들리고, 마당에는 지렁이가 땅에서 나와 꿈틀거려요. 못자리에서는 벼의 싹이 터서 쑥쑥 자라고, 보리 이삭들은 익어 바람에 흔들거리지요.

보리가 출렁이는 초여름

입하는 보리가 익어 물결치듯 출렁이며 추수할 때라는 뜻에서 '맥랑(麥浪)', '맥추(麥秋)'라고도 부르고, 초여름이란 뜻의 '맹하(孟夏)', '초하(初夏)'라고 부르기도 해요.

누에치기, 잡초 뽑기, 들깨 심기

입하는 농작물이 잘 자라는 여름이 시작되는 시기이지요. 농작물도 잘 자라지만 잡초도 쑥쑥 자라고 해충도 많이 생겨, 농부들은 농사일 하랴 잡초 뽑으랴 무척 바쁜 때를 보내요. 집안에서는 누에치기에 한창이었지요. 《조선왕조실록》에는 입하에 주로 들깨를 심었다는 기록도 있어요.

쑥떡과 수리취떡 먹기

이 무렵에는 쑥버무리나 쑥개떡 같은 쑥으로 만든 음식을 많이 먹었어요. 쑥버무리는 쌀가루와 쑥을 한데 버무려 시루에 쪄 먹는 떡이고, 쑥개떡은 쑥을 삶아 쌀가루나 보릿가루를 섞어 반죽한 뒤 손으로 둥글납작하게 개어 만든 떡이에요. 멥쌀가루에 '수리취'라는 풀을 섞어 납작하게 눌러 만든 수리취떡을 만들어 먹기도 했지요.

이팝나무는 입하나무?

5월 중순이면 새하얀 꽃을 가지마다 소복소복 뒤집어쓰는 나무가 있어요. 이팝나무이지요. 꽃이 마치 흰쌀밥을 담아 놓은 것 같이 보여 '이밥(쌀밥)나무'라고 불렀다가 이팝나무로 변했다는 이야기가 있어요. 다른 유래로는 입하 때에 꽃이 피는 나무여서 '입하목'이라고 불렀다가, 이 말이 입하나무에서 이팝나무가 되었다는 이야기도 있어요.

달걀 먹기와 몸무게 재기

중국에서는 입하 때 달걀을 먹는 풍습이 있어요. 어린아이들은 삶은 달걀을 넣은 주머니를 목에 걸기도 하고요. 중국 남쪽 지방에는 입하에 점심을 먹고 저울로 몸무게를 재는 풍속도 있는데, 모두 건강한 여름을 보내자는 뜻에서 생겨난 풍습이지요.

입하에 대한 속담

입하 바람에 씨나락 몰린다

입하에 바람이 불면 못자리에 뿌려 놓은 볍씨가 한쪽으로 몰리게 되어 좋지 않다는 뜻이에요.

입하물에 써레 싣고 나온다

입하 무렵에 모심기가 시작되어 농가에서 써레를 싣고 논으로 나온다는 말이에요. 즉 본격적으로 농사를 시작하는 절기임을 알려 주는 것이지요. 써레는 예로부터 사용해 온 농기구로, 흙덩이를 부수어 흙을 부드럽게 하고 갈아 놓은 논바닥을 편평하게 하여 모내기 작업을 쉽게 하는 데 사용해요.

5월 21일 무렵
소만 小滿

무르익어 가는 초여름

24절기 중 여덟 번째 절기는 소만이에요. 초여름에 맞는 절기로 입하와 망종 사이에 있어요. 양력 5월 20일에서 22일 무렵이지요. 소만은 한자어로 작을 '소(小)' 자에 찰 '만(滿)' 자가 합쳐진 말이에요. 작게 찼다? 무엇이 작게 찼다는 말일까요? 여름 더위가 꽉 차지는 않았고 조금 찼다는 뜻일 거예요. '만물이 점차 자라서 가득 찬다'는 뜻으로 풀이하기도 해요.

그럼 여름 더위로 꽉 차는 '대만(大滿)'이라는 절기가 있을까요? 소서는 대서, 소한은 대한, 소설은 대설이라는 짝이 되는 절기가 있지만 대만이라는 절기는 없어요.

농사일로 바쁜 하루하루

소만이면 농사를 짓는 시골에서는 무척 바쁜 하루하루를 보냈어요. 논을 갈아 물을 대고 모내기 준비를 서두르거나, 지역에 따라 이르게 모내기를 하는 곳도 있어요. 보리가 누렇게 익어 보리 추수를 서둘러야 하고, 밭농사를 짓는 곳에서는 밭에 난 잡초를 뽑는 김매기가 한창이에요.

봉숭아꽃 물들이기

입하와 소만 무렵에는 소녀와 여인들이 봉숭아꽃(봉선화)을 따다가 손톱에 물을 들였어요. 봉숭아꽃이 피면 꽃과 잎을 섞어 찧은 다음, 백반과 소금을 넣어 이것을 손톱에 얹고 헝겊으로 감아 붉은색 물을 들였지요. 이 풍속은 붉은색이 나쁜 기운을 물리친다는 데서 유래했대요. 첫눈이 내릴 때까지 손톱에 봉숭아 물이 남아 있으면 첫사랑이 이루어진다는 이야기도 있어요.

씀바귀나물과 죽순 즐기기

소만 무렵에는 봄철 나물인 냉이는 들어가고 산나물인 씀바귀 잎을 뜯어 나물을 해 먹어요. 대나무밭을 찾아 죽순을 따다가 나물을 만들거나 고추장에 찍어 먹기도 했지요.

봉숭아 / 씀바귀

보릿고개

옛날에는 입하에서 소만 무렵이면 지난 가을에 거둬들인 곡식이 떨어지고, 보리가 미처 여물지 않거나 보리 수확을 막 시작할 무렵이어서 농촌에서는 먹을 식량이 크게 부족했어요. 이를 '보릿고개'라고 불렀는데, 어려운 사람들은 풀뿌리나 나무껍질로 끼니를 때우고 굶거나 빚을 내어 겨우겨우 버텼지요.

보리야, 어서 익어라.

소만에 대한 속담

소만 바람에 설늙은이 얼어 죽는다 / 소만 추위에 소 대가리 터진다

소만 무렵 날씨는 변화가 심해 한여름 기온을 보이다가도 삼시간에 비바람이 불고 기온이 내려가기도 해요. 여름이라고 해서 찬바람을 무시하면 건강을 해칠 수 있으니 조심하라는 뜻이에요.

6월 6일 무렵
망종 芒種

보리 베고 모 심는 날

24절기 중 아홉 번째 절기이자 여름의 세 번째 절기는 망종이에요. 소만과 하지 사이에 있는 절기로 양력 6월 5일이나 6일 무렵이지요. 망종은 한자어로 까끄라기 '망(芒)'자에 씨(심을) '종(種)'자가 합쳐진 말인데, 까끄라기는 벼나 보리의 낟알 껍질에 붙은 수염을 말해요. 즉, 벼나 보리, 밀 같은 곡식의 씨를 뿌려야 할 때라는 뜻이지요.

망종이면 모판에서 볍씨를 키워 낸 싹을 논에 옮겨 심는 모내기를 마무리할 시기이며, 작년 가을에 씨앗을 뿌려 키운 보리를 베어야 할 때예요. 이 무렵에는 한낮의 기온이 높이 올라가 마치 한여름처럼 더워지기도 해요.

발등에 오줌 쌀 정도로 바쁜 시기

'발등에 오줌 싼다'는 오줌을 누러 갈 시간이 없을 정도로 바쁜 때를 이르는 속담이에요. 보리나 벼농사를 짓는 농촌에서는 망종 때가 바로 일 년 중에서 가장 바쁜 때이지요. 익은 보리는 베고 논에 벼도 심어야 해서, 두 가지 일이 겹치는 지역에서는 눈코 뜰 새 없이 바빴을 거예요.

감자 캐기

망종이 되면 초봄에 심어 두었던 감자를 캐기 시작해요. 햇감자를 캐고 보리를 수확하는 시기이기에 보릿고개를 힘겹게 넘긴 농민들이 걱정을 한숨 돌릴 수 있었지요.

밤꽃과 매실

망종 무렵이면 산골짜기마다 밤꽃이 폭죽 터진 듯 피어나고, 매실나무에는 매실이 주렁주렁 달려요. 매실나무를 키우는 집에서는 매실 따기로 일손이 바쁘지요.

망종과 현충일

현충일은 나라를 위해 싸우다 숨진 국군 장병들과 조국과 민족을 위해 목숨을 바치신 분들을 기억하는 날이에요. 1956년 6월 6일에 지정됐는데, 이때가 망종 날이었어요. 보리가 익고 모내기가 시작되는 망종을 우리 조상들이 가장 좋은 날이라고 여겼기 때문이기도 하고, 한국 전쟁이 일어난 6월 25일이 들어 있는 6월이기도 하여 현충일로 정했다고 알려져 있어요.

🌾 망종에 대한 속담

보리는 망종 전에 베라

망종까지는 보리를 모두 베어야 빈 논에 벼도 심고 밭갈이도 할 수 있다는 말이에요. 망종이 지나면 보리는 더 이상 익지 않아 더 기다릴 필요 없이 베어야 하고, 망종을 넘기면 보리가 바람에 쓰러지는 수가 많으니 이를 경계하는 뜻도 담고 있어요.

6월 21일 무렵

하지 夏至

낮이 가장 긴 여름날

24절기 중 열 번째 절기는 하지예요. 망종과 소서 사이에 있는 절기로 양력 6월 21일이나 22일 무렵이지요. 하지는 한자어로 여름 '하(夏)' 자에 이를 '지(至)' 자가 합쳐진 말로 여름에 이른다는 뜻이에요. '지(至)' 자는 '두루 미치다'라는 뜻도 있어 여름이 크게 영향을 미치는 절기라고 볼 수 있어요.

하지 때 우리나라처럼 적도의 북쪽 북반구에서는 일 년 중에 낮이 가장 길며, 정오인 낮 12시의 태양 높이가 가장 높아져요. 낮이 가장 긴 날이니 햇빛이 비추는 시간과 양도 가장 많겠죠? 이처럼 하지에는 땅이 태양으로부터 가장 많은 열을 받는데, 그 열이 쌓여 하지가 지나면서부터는 기온이 크게 올라가고 무더위가 찾아와요. 더불어 장마도 찾아오지요.

비가 오기를 바라며 기우제를 지내다

하지 무렵이면 농촌에서는 망종 때만큼이나 바쁜 때이지요. 곧 닥칠 가뭄이나 장마에 철저하게 준비해야 했기 때문이에요. 하지가 지날 때까지 비가 내리지 않으면 하늘에 비를 내리게 해 달라고 기우제를 지냈어요. 조선 시대에는 국가적인 행사로 임금이 직접 기우제를 지내기도 했지요.

백성들도 기우제를 지내다

하지 무렵까지 가뭄이 계속되는 경우가 많아 백성들도 비가 내리기를 기원하는 기우제를 지냈어요. 산이나 냇가에 제단을 만들고, 돼지나 닭, 술, 과실, 떡, 포 등을 올려서 마을 전체의 공동 행사로 제사를 지냈지요. 비는 한 해 농사에서 가장 중요한 역할을 하기에 기우제는 하지 때뿐 아니라 연중 행사로 열렸다고 해요.

하지 감자

우리 조상들이 하지 때 가장 즐겨 먹던 음식은 감자예요. '하짓날은 감자 캐 먹는 날이고 보리는 환갑'이라는 속담이 있을 정도였지요. 매실나무의 열매인 매실을 음료로 만들어 먹기도 했고, 몸을 건강하게 해 준다고 알려진 장어나 복분자를 먹기도 했대요.

스웨덴 하지 축제

적도에서 멀리 떨어진 북유럽은 겨울이 길고 햇빛이 비추는 시간이나 양이 적기 때문에, 일 년 중 낮이 가장 긴 하지를 특별한 날로 여겨요. 하지 무렵 들판이나 광장에 커다란 불을 피워 놓고 농사의 풍년을 바라거나 축제를 벌였지요. 특히 스웨덴에서는 자작나무 잔가지로 감싸고 들꽃 화환으로 장식한 기다란 기둥인 '마이스통(majstång)' 둘레를 돌며 춤추고 노래하는 축제를 즐기는데, 이는 세계 최대 규모의 하지 축제로 하지 무렵에 3일 동안이나 계속된다고 해요.

하짓날에는 스톤헨지

영국의 선사 유적지인 스톤헨지에는 하짓날마다 수많은 사람이 모이는데, 바로 특별한 일출을 보기 위해서예요. 스톤헨지의 중심축이 하짓날 해가 뜨는 방향과 정확하게 일치하기 때문에 이 모습을 보러 매년 하지가 되면 관광객의 발길이 이어진다고 해요.

하지에 대한 속담

하지가 지나면 발을 물꼬에 담그고 산다
하지가 지나면 농부들이 논에 물을 대느라 매우 분주해짐을 이르는 말이에요.

하지가 지나면 구름장마다 비가 내린다
하지가 지나고 나면 본격적인 장마철이 시작되고 구름만 지나가도 비가 온다는 뜻이에요.

7월 7일 무렵
소서 小暑

여름 더위와 장마의 시작

24절기 중 열한 번째 절기이자 여름의 다섯 번째 절기는 소서예요. 하지와 대서 사이에 있는 절기로 양력 7월 7일이나 8일 무렵이지요. 소서는 한자어로 작을 '소(小)' 자와 더울 '서(暑)' 자가 합쳐진 말로 '작은 더위'란 뜻이에요. 하지가 여름의 시작이라면 소서는 무더운 여름 더위가 몰려오는 때이면서 여름 장마가 시작되는 시기이지요.

소서 무렵에는 장마 전선이 오랫동안 한반도 중부 지방을 가로질러 머물기 때문에 습도가 높고 비가 많이 내려요. 이때 제철을 맞은 여름 과일과 채소가 많이 나며, 밀을 수확하여 음식을 만들어 먹기도 했어요.

무더위와 장마 속에서도 일하기 바쁜 농촌

농촌에서는 모내기를 끝낸 모들이 뿌리를 내리기 시작하는데, 잡초가 돋아나 이를 뽑아 주는 김매기를 해요. 가을보리를 베어 낸 자리에는 콩과 조, 팥 등의 잡곡을 심어 이모작을 하기도 했어요.

밀가루 음식과 여름 과일 즐기기

밀을 수확하는 시기라서 국수나 수제비 같은 밀가루로 만든 음식을 즐겨 먹고, 자두나 토마토, 수박, 참외 등을 함께 챙겨 먹으며 더위를 식혔어요.

민어 매운탕이 제철

제철 생선인 민어는 회를 떠서 먹기도 하고, 매운탕을 끓여 먹기도 했어요. 특히 고추장을 풀어 애호박을 툭툭 썰어 넣고 수제비 띄워 먹는 민어 매운탕은 입맛 없는 계절의 특별한 음식이었지요.

7월 7일은 칠석날

'칠석'이라고 부르는 7월 7일은 우리나라와 중국, 일본 등 동아시아 여러 나라에서 특별한 절기로 삼은 날이에요. 고대 중국에서 유래한 것으로, 목동인 견우와 베를 짜는 직녀가 사랑에 빠져 일을 게을리하자 옥황상제가 노하여 은하수를 사이로 놓고 갈라놓았는데, 해마다 칠석날에 까치와 까마귀가 머리를 모아 다리를 만들어 두 사람을 만나게 했다는 날이지요. 우리나라와 중국은 이날을 음력으로 기념하고 일본은 양력으로 기념해요. 일본에서는 양력 7월 7일에 지역마다 여러 행사를 벌여요(지방에 따라선 음력으로 칠석 축제를 하는 곳도 있다고 해요).

소서에 대한 속담

**소서가 넘으면 새 각시도 모심는다 /
소서 모는 지나가는 행인도 달려든다 /
7월 늦모는 원님도 말에서 내려 심어 주고 간다**

모내기는 하지 때 대부분 마치고 소서에는 잡초를 뽑으며 김매기를 하는 시기인데, 소서가 지나도록 아직도 모내기를 끝내지 못했다면 매우 늦은 편이 되어요. 한 해 농사에 큰 지장이 생길 수 있기에 누구나 할 것 없이 모두 힘을 합쳐 빨리 모내기를 끝내야 한다는 의미를 담고 있어요.

7월 23일 무렵
대서 大暑

땀 뻘뻘 흘리는 무더운 여름날

24절기 중 열두 번째 절기는 대서예요. 여름의 마지막 절기로 소서와 가을의 시작을 알리는 입추 사이에 있어요. 양력 7월 22일이나 23일 무렵이지요. 대서는 한자어로 큰 '대(大)' 자와 더울 '서(暑)' 자가 합쳐진 말이에요. '큰 더위'라는 뜻처럼 일 년 중에 가장 더운 때이지요.

대서 무렵의 무더위는 햇볕이 마치 불처럼 뜨겁게 내리쬔다 하여 '불볕더위'라 부르며, 찜통 속의 뜨거운 열기에 빗대어 '찜통더위'라고도 해요. 밤에도 더위가 꺾이지 않고 계속되는 열대야 현상이 일어나 사람들이 밤잠을 제대로 이루지 못하지요. 이 시기에는 시원한 곳을 찾아 계곡이나 바닷가에 가서 더위를 피하기도 하는데, 이를 '피서(避暑)'라고 해요.

김매기와 퇴비 장만

대서는 장마철에 부쩍 자란 잡초를 베어 퇴비를 장만하고, 논과 밭의 김매기에 여념이 없는 때이지요. 수박과 참외 등 여름 과일이 풍성하여 더위에 지친 입맛을 살려 주는 때이기도 해요.

세자도 공부를 잠시 쉬는 때

《중종실록》에는 세자의 글공부를 가르치는 스승이 '한추위, 한더위'라면 공부를 좀 늦춰도 되지 않겠느냐고 임금께 아뢰는 내용이 기록되어 있어요. 대서 무렵의 더위는 궁궐에서도 어쩔 도리 없이 공부를 쉬고 더위를 피할 수 밖에 없었나 봐요.

소서, 대서와 삼복더위

우리 조상들은 일 년 중 가장 더운 기간을 '삼복'이라 부르며 24절기와는 또 다른 절기로 삼았어요. 삼복(三伏)은 초복, 중복, 말복, 세 날을 모두 가리키는 말로 양력으로 7월 중순부터 8월 중순 사이에 들어 있어요. 복날 중 초복은 소서 뒤에 오고, 중복은 대서 뒤(또는 앞), 말복은 입추 뒤에 오지요.

닭백숙

대서에 대한 속담

대서 더위에 염소 뿔도 녹는다

염소 뿔은 매우 단단하지만 그런 염소 뿔마저 녹아 내릴 것만 같이 불볕더위가 계속되는 것을 표현한 속담이에요.

8월 7일 무렵
입추 立秋

여름 더위 속에서 시작되는 가을

24절기 중 열세 번째 절기는 입추예요. 일 년 중 가장 덥다는 대서와 더위가 마무리된다는 처서 사이에 있어요. 양력 8월 7일이나 8일 무렵이지요. 입추는 한자어로 '서다', '이루어지다'를 뜻하는 '입(立)' 자에 가을을 뜻하는 '추(秋)' 자가 합쳐진 말이에요. 가을이 시작되는 것을 알리는 날이지요.

입추 무렵은 여전히 더위가 기승을 부리지만 밤에는 제법 서늘한 바람이 불어와 차츰 무더위가 한풀 꺾이겠구나 하는 마음이 들게 해요. 아직 더운 시기이지만 우리 조상들은 입추 때부터 가을 준비에 들어갔다고 해요.

말복 전에 입추

일 년 중 가장 더운 날인 말복 뒤에 가을이 시작되는 입추가 올 것 같지만, 보통은 입추 며칠 뒤에 말복이 있어요. 어떤 해에는 입추와 말복이 같은 날인 경우도 있지요. 입추는 양력(지구가 태양 주위를 한 바퀴 도는 데 걸리는 기간을 일 년으로 정함)을 기준으로 미리 정해져 있고, 말복은 음력(달이 지구 둘레를 한 바퀴 도는 데 걸리는 시간을 한 달로 정함)을 기준으로 정해지기 때문이에요.

"늦더위 있다 해도…"

조선 후기 학자 정약용의 아들 정학유는 《농가월령가》 7월령에서 '칠월(음력)은 한여름이지만 입추 처서의 절기이며, 늦더위가 있다 해도 계절의 차례를 속일 수 없어 빗줄기가 가늘어지고 바람도 다르다'라고 입추 무렵에 대해 표현했어요.

가을 채비

늦더위가 있기는 하지만 밤에는 서늘한 바람이 불기 시작하는 입추가 되면 우리 조상들은 벌써 가을 채비를 시작했어요. 김장용 무와 배추를 심고 9월에서 10월 서리가 내리기 전에 거두어서 겨울 김장에 대비를 하였어요.

날씨로 풍년 점치기

입추는 곡식이 여무는 시기이기에 이날 날씨를 보고 점을 치기도 했어요. 입추에 하늘이 맑으면 모든 곡식이 풍년이라고 여겼고, 비가 조금 내리면 좋은 일이 생기고, 비가 많이 내리면 벼농사에 피해를 입는 등 좋지 않은 일이 생길 수도 있다고 짐작했대요.

기청제를 지내다

고려와 조선 시대에는 입추 뒤에도 장마가 계속되어 비가 내리면 '기청제'라는 제사를 지냈어요. 비가 너무 많이 내려 농사에 피해를 줄까 날이 맑기를 빌던 제사였지요. 조선 시대에는 주로 종묘나 한양(지금의 서울)의 사대문에서 기청제를 올렸다고 해요.

입추에 대한 속담

입추 때는 벼 자라는 소리에 개가 짖는다

입추 무렵은 벼가 한창 익어 가는 시기이지요. 벼 자라는 소리가 들려서 개가 짖을 정도로 벼가 잘 자라는 때라는 말이에요.

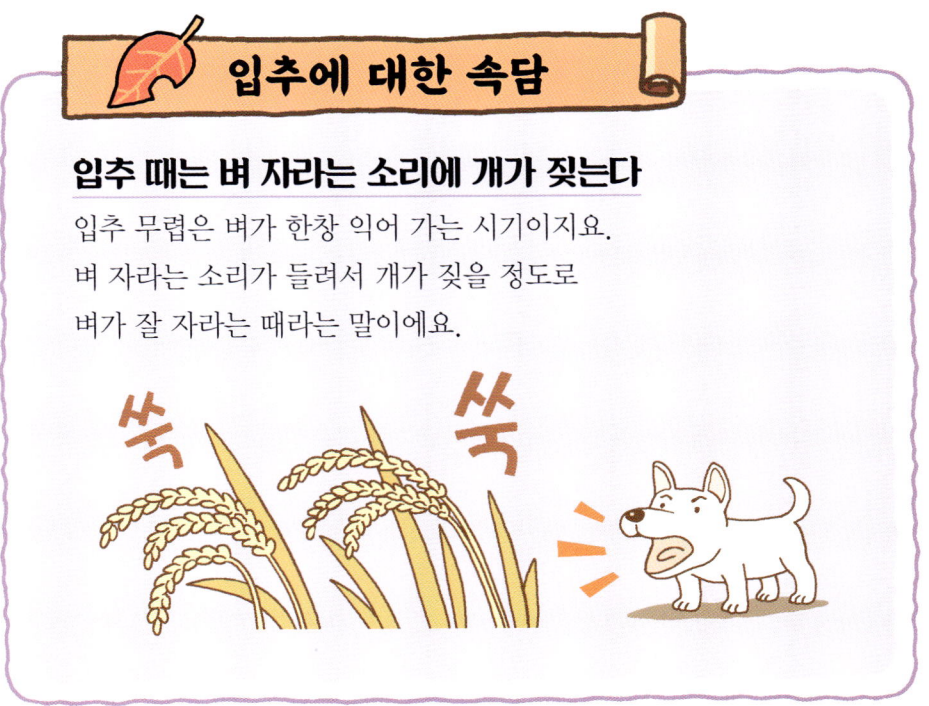

8월 23일 무렵
처서 處暑

더위가 그치고 가을이 다가옴

24절기 중 열네 번째 절기는 처서예요. 입추와 이슬이 내리기 시작한다는 백로 사이에 있는 절기로, 양력 8월 23일이나 24일 무렵이지요. 처서는 한자어로 '머물러 있다'를 뜻하는 '처(處)' 자에 더위를 뜻하는 '서(暑)' 자가 합쳐진 말이에요. '아직 더위가 머물러 있다'라는 뜻일 수도 있지만, '처(處)' 자에는 '처리하다'라는 뜻과 '멈추다'라는 뜻도 있으니 '더위를 마무리 짓거나 멈추는 날'이라고도 할 수 있지요.

처서라는 이름의 뜻처럼 이때에는 지긋지긋했던 더위의 기세가 점점 꺾이고, 가을의 기운이 더욱 가깝게 느껴져요. 우리 조상들은 처서를 '땅에서는 귀뚜라미 등에 업혀 오고, 하늘에서는 뭉게구름 타고 온다'고 표현했어요.

벌초하기

처서 무렵에는 따가운 햇살이 한풀 꺾이며 풀이 자라는 속도가 느려져요. 바쁜 농사일도 어느 정도 끝나고 본격적인 추수를 앞두고 있어, 이때 논두렁의 풀을 베어 주거나 산소를 찾아가 벌초를 하였어요.

포쇄하기

옛날에는 처서 때면 장마 등 여름 습기에 눅눅해진 옷이나 책을 꺼내 햇빛과 바람에 말렸어요. 여인들은 옷을, 선비들은 책을 말렸는데 이를 '포쇄'라고 불렀어요. 특히 《조선왕조실록》을 보관했던 사고에서는 포쇄별감의 지휘 아래 실록을 말리는 것이 큰 행사였지요.

농부를 걱정스럽게 만드는 처서비

처서 무렵에는 보통 아침과 저녁으로는 서늘한 기운을 보이고, 낮 동안에는 왕성하게 햇살이 비치면서 가을걷이할 농작물의 마지막 성장을 도와주어요. 그런데 처서에 비가 자주 내리면 이삭이 제대로 여물지 못해요. 우리 조상들은 처서에 내리는 비를 '처서비'라고 부르며, '처서에 비가 오면 독 안에 든 쌀이 줄어든다'라며 좋아하지 않았어요.

백중과 호미씻이

이 무렵이면 우리 조상들은 특별한 행사를 열었어요. 주로 '백중'이라고 부르는 음력 7월 15일에, 여름 내내 썼던 호미와 농기구들을 깨끗이 씻어 놓고 잔치를 벌였지요. 하루 종일 마음 편하게 쉬고 노는 농민들의 하루 휴일이라고 할 수 있는데, 이것을 '호미씻이'라고 불렀어요.

어정 7월, 건들 8월, 동동 9월

처서 무렵이면 호미씻이도 끝나고 농사일이 비교적 한가해지는 시기여서 '어정 칠월 건들 팔월'이라는 말도 나왔어요. 어정, 즉 대충 지내다 보면 7월이 가고, 건들대다 보면 8월이 가고, 그러다 보면 어느새 발을 동동 구르기 바쁜 9월이 온다는 말이에요.

처서에 대한 속담

처서가 지나면 모기 입도 비뚤어진다
우리 조상들은 계절의 변화를 벌레에 빗대어 말하기도 했어요. 서늘한 바람이 불어 모기가 더 이상 제대로 힘을 쓰지 못한다는 뜻이에요.

처서가 지나면 풀도 울며 돌아간다
처서가 지나면 모든 식물의 생육이 정지되어 시들기 시작한다는 데에서 생겨난 말이에요. 풀들이 더 이상 자라지 않거나 자란다 해도 정도가 약해지는데, 풀이 시들고 말라 꼬여 가는 것을 '울며 돌아간다'라고 표현한 것이지요.

9월 8일 무렵
백로 白露

풀잎에 흰 이슬이 맺힘

24절기 중 열다섯 번째 절기는 백로예요. 더위가 그친다는 처서와 낮과 밤의 길이가 같은 가을날인 추분 사이에 있어요. 양력 9월 7일이나 8일 무렵이지요. 백로는 한자어로 흰 '백(白)' 자에 이슬 '로(露)' 자가 합쳐진 말이에요. 농작물이나 풀잎에 흰 이슬이 맺히는 데서 생겨난 말이지요.

한낮에는 늦여름의 더위가 미처 가시지 않았는데 밤에는 기온이 내려가 대기 중의 수증기가 엉겨서 이슬이 되고, 그 이슬이 풀잎이나 물체에 맺히며 하얗게 보여요. 이때는 맑은 날이 계속되고 기온도 적당해서 오곡백과가 여무는 데 더없이 좋은 시기이지요. 어쩌다 늦은 태풍이 불 때도 있지만요.

포도가 제철인 포도순절

백로에서 추석까지의 때를 우리 조상들은 '포도순절(葡萄旬節)'이라고 불렀어요. 포도가 잘 익는 시기라는 뜻이에요. 이 무렵에 첫 포도를 따서 조상의 혼을 모셔 두는 사당에서 올리고, 다음으로 그 집의 맏며느리가 포도 한 송이를 통째로 먹는 풍습이 있었어요. 포도 알이 주렁주렁 열린 포도는 아이를 많이 낳는 '다산'을 상징해서였지요.

벌초하기

백로는 우리 민족의 가장 큰 명절 중 하나인 추석을 앞두고 있는 절기예요. 그래서 백로 무렵 우리 조상들은 조상의 묘를 찾아가 벌초를 했어요. 벌초는 무덤의 풀을 베어 정리를 하는 것이에요.

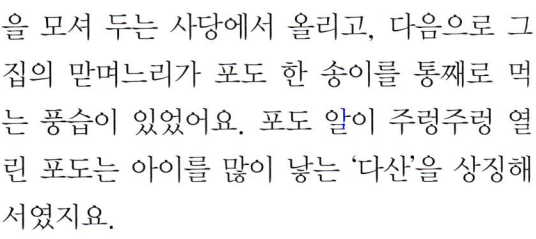

백로 바람, 백로 비

우리 조상들은 백로 날 날씨를 통해서 그해 풍년과 흉년을 미리 판단해 보기도 했어요. 바람이 불면 벼농사가 잘 안될 것이다 예상했고, 비가 오면 큰 풍년이 들 것이라고 여겼대요.

비가 온다! 풍년 예감~♪

시집 간 딸의 친정 나들이

백로 무렵이면 바쁘고 힘든 여름 농사를 마치고 추수를 하기 전이에요. 벼가 잘 여물기를 기다리며 잠시 일을 멈추고 쉬는 때여서, 이때 시집을 간 여자들은 틈을 내어 친정에 가 부모님을 만나 뵙고 오기도 했어요. 이를 '근친(覲親)' 또는 '귀녕'이라고 불렀어요. 옛날에는 여자가 시집을 가면 마음대로 친정을 찾아가기가 쉽지 않았거든요.

어머니, 아버지!

🌱 백로에 대한 속담

칠월 백로에 패지 않은 벼는 못 먹어도 팔월 백로에 패지 않은 벼는 먹는다

백로는 보통 음력으로 8월 초순 때이지만 때로는 7월 말에 들기도 해요. 절기가 일찍 시작된 음력 7월 백로의 벼 이삭은 벼가 여물어 추수할 시간이 충분하지 않다는 뜻에서 생겨난 속담이에요. '패다'는 벼나 보리와 같은 곡식의 이삭이 나오는 것을 말해요.

백로에 비가 오면 십리 천석을 늘인다

백로에 비가 오면 큰 풍년이 든다는 뜻이에요.

9월 23일 무렵
추분 秋分

가을의 한가운데
24절기 중 열여섯 번째 절기는 낮과 밤의 길이가 같은 추분이에요. 백로와 찬 이슬이 맺히기 시작한다는 한로 사이에 있는 절기로, 양력 9월 22일에서 24일 무렵이지요. 추분은 한자어로 가을 '추(秋)' 자에 나눌 '분(分)' 자가 합쳐진 말이에요. 가을을 나누는 때라는 말인데, 본격적인 가을이 시작된다는 뜻이지요.

낮과 밤의 길이가 같은 춘분과 추분을 합쳐서 '이분(二分)'이라고 부르는데, 춘분이 낮의 길이가 조금씩 길어지고 밤의 길이가 짧아지다 낮과 밤의 길이가 같아진다면, 추분은 낮이 길이가 조금씩 짧아져 낮과 밤의 길이가 같아져요. 낮과 밤의 길이는 같지만 기온은 추분 때가 더 높은데, 여름내 달궈진 땅이 아직 덜 식어서이지요.

벌레가 땅속에 숨다
우리 조상들은 추분 때 천둥과 번개가 사라지고 대신 태풍이 온다고 했어요. 벌레들은 땅속으로 숨고 물이 마르기 시작한다고도 했지요. 벌레가 땅속에 숨는다는 것은 따뜻한 땅속에서 겨울잠을 자거나 겨울을 나는 벌레들이 흙으로 둥지의 입구를 정리하기 시작한다는 뜻이에요. 자기가 지낼 둥지의 입구를 막아 추위에 대비하는 것이지요.

가을걷이(추수)
농촌에서는 추분 무렵이면 논밭의 곡식을 거두어들이고, 목화를 따고 고추도 따서 말리며 분주하게 지내요. 반찬으로 만들어 먹으려고 말린 호박고지와 박고지, 깻잎, 호박순, 고구마순도 이맘때 거두어들이고요. 산나물을 말려 묵은 나물을 준비하기도 하지요.

추분이 공휴일!
일본은 추분을 '추분의 날'이라고 부르며 공휴일로 정해 지내고 있어요. 1948년부터 조상을 공경하고 돌아가신 사람을 그리워하는 날로 정해 기념하고 있지요. 이날에는 '오하기'라고 부르는 팥소로 싼 과자(떡)를 먹는 풍습이 있다고 해요.

노인성에 제사 지내기
고려와 조선 시대에는 추분을 맞아 '노인성(老人星)'이라고 부르는 별에 제사를 지내기도 했어요. 옛사람들은 노인성을 인간의 수명, 즉 태어나서 죽을 때까지의 시간을 맡아서 관리하는 별로 여기고, 이 별에 제사를 지내며 나라가 평안하고 백성들이 별 탈 없이 잘 살기를 바랐지요. 노인성은 남반구 별자리에 있는 별이어서 한반도에서는 여름철에는 보이지 않고, 제주도와 남해에서 추분과 춘분 사이에만 볼 수 있어요. 서양에서는 '카노푸스'라고 부르는 별이기도 한데, 시리우스에 이어 두 번째로 밝게 보인다고 해요.

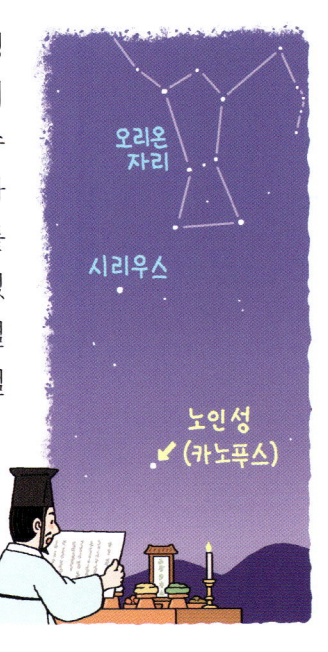

추분에 대한 속담

추분이 지나면 우렛소리 멈추고 벌레가 숨는다
추분이 지나면 천둥도 치지 않고 벌레들도 월동할 곳으로 숨는다는 뜻으로, 추분부터 밤이 길어지면서 완연한 가을이 되었다는 걸 의미해요.

덥고 추운 것도 추분과 춘분까지이다
추분과 춘분이 더위와 추위의 기준이 된다는 뜻으로 생긴 말이에요.

10월 8일 무렵
한로 寒露

찬 이슬이 맺히기 시작

24절기 중 열일곱 번째 절기는 한로예요. 낮과 밤의 길이가 같은 추분과 상강 사이에 있는 절기로, 양력 10월 8일이나 9일 무렵이지요. 한로는 한자어로 찰 '한(寒)' 자에 이슬 '로(露)' 자가 합쳐진 말이에요. 날씨가 서늘해져서 찬 이슬이 맺히기 시작하는 때를 이르는 말이지요. 한로에는 기온이 더 내려가기 전에 추수를 서둘러 마쳐야 해요.

한로는 곡식의 이삭을 떨어서 알곡을 거두는 '타작'을 한창 하는 시기이기도 해요. 이 무렵 산과 들은 울긋불긋 단풍이 짙어져 아름다운 색깔로 물들고, 기러기나 두루미, 청둥오리, 고니, 저어새 등 겨울 철새가 북쪽에서 찾아오지요.

'참새가 큰물에 들어가 조개가 된다'

고려 시대의 역사를 다룬 《고려사》에 한로에 대한 기록이 있어요. "한로는 9월(음력)의 절기다. 초후에 기러기가 와서 머문다. 차후에 참새가 큰물에 들어가 조개가 된다. 말후에 국화꽃이 누렇게 핀다." 초후, 차후, 말후는 절기의 기간 15일을 5일씩 끊어 셋으로 나눈 것이고, 참새가 큰물에 들어가 조개가 된다는 말은 그 시기에는 참새는 적어지고 조개는 많아진다는 뜻이에요.

국화전과 국화주

한로는 국화가 한창인 때이지요. 우리 조상들은 이 무렵 찹쌀가루를 반죽하여 빚어서 그 위에 노란 국화 꽃잎을 얹어 기름에 지진 국화전을 만들어 먹었어요. 국화꽃이나 국화 향기를 넣어 만든 술인 국화주를 담그기도 했지요.

가을 물고기

한로 때 우리 조상들이 즐겨 먹던 대표 음식은 바로 미꾸라지를 넣고 얼큰하게 끓인 추어탕이에요. 미꾸라지를 '추어(鰍魚)'라고 부르는데, '추(鰍)' 자는 물고기 어(魚)에 가을 추(秋)가 합쳐진 글자예요. 가을에 누렇게 살찌는 미꾸라지를 보고 '가을 물고기'라는 뜻에서 추어라고 부르는 것 같아요.

한로와 중양절

한로와 비슷한 시기에 '중양절'이라는 명절이 있어요. 중양절은 음력 9월 9일을 가리키는 날로 날짜와 달의 숫자가 같은 명절 중 하나이지요. 신라 때에는 중양절에 임금과 신하가 모여 함께 시를 짓고 평하는 백일장을 열었고, 붉은 수유 열매를 머리에 꽂고 산에 올라 시를 짓는 풍습도 있었어요. 국화주를 담그거나 국화전을 만들어 먹는 것도 중양절에 행하는 풍습이었지요.

한로에 대한 속담

한로가 지나면 제비는 강남으로 가고 기러기는 북에서 온다

한로에 여름 철새 제비는 따뜻한 곳으로 날아가고, 겨울 철새 기러기는 추운 곳에서 날아온다는 말이에요. 한로가 여름 철새와 겨울 철새가 이동하는 기준이 되는 시기라는 뜻이지요.

가을 곡식은 찬 이슬에 영근다

찬 이슬이 내리는 한로 무렵이 가을 곡식이 잘 익는 때라는 뜻의 속담이지요.

10월 23일 무렵
상강 霜降

서리 내리는 마지막 가을 절기

24절기 중 열여덟 번째 절기이자 가을의 마지막 절기는 상강이에요. 한로와 겨울의 문턱인 입동 사이에 있는 절기이지요. 양력 10월 23일이나 24일 무렵이에요. 상강은 한자어로 서리 '상(霜)' 자에 내릴 '강(降)' 자가 합쳐진 말로, 서리가 내리기 시작하는 때라는 말이지요. 서리는 공기 중에 있는 수증기가 땅 표면이나 물체의 표면에 닿아서 가루처럼 가늘게 얼음으로 엉긴 것을 말해요.

서리는 맑고 바람이 약한 날 밤이나 새벽, 기온이 영하로 내려갈 때에 주로 생기는 자연 현상이지요. 상강 무렵이 되면 낮에는 맑고 상쾌한 날씨가 계속되면서 단풍이 절정에 이르고 국화꽃도 활짝 피어요. 하지만 밤에는 날씨가 제법 쌀쌀해져서 곧 겨울이 올 것 같은 생각이 들어요.

단풍과 국화

가을에 나뭇잎 색깔이 노랗고 붉게 변하는 것을 '단풍'이라고 해요. 우리나라에서 단풍이 짙게 드는 최고의 시기는 지역별로 기온의 차이에 따라서 조금씩 달라요. 우리 조상들은 상강 무렵을 단풍을 구경하는 가장 적당한 때로 여겨 단풍이 아름다운 산이나 장소를 찾아 나들이를 가기도 했어요. 국화꽃이 활짝 핀 때이기도 해서 국화를 보며 늦가을을 느끼고 즐기기도 했지요.

가을 마무리와 겨울 준비

상강 무렵에도 가을걷이가 한창이에요. 논농사와 밭농사를 마무리하고, 고구마를 캐거나 마늘을 심기도 했어요. 곧 다가올 겨울을 나기 위한 준비도 하였는데, 목화를 따거나 논에 물을 빼고 퇴비를 만들었어요.

상강부터 입동까지의 자연 현상

옛날 중국에서는 상강부터 입동까지의 시기를 5일씩 셋으로 나누어 자연 현상을 설명하기도 했어요. 첫 번째 시기는 승냥이가 산짐승을 잡는 때, 두 번째 시기는 풀과 나뭇잎이 누렇게 떨어지는 때, 세 번째 시기는 겨울잠을 자는 벌레들이 모두 땅속으로 숨는 때라고 하였지요.

둑제를 지내다

조선 시대에는 나라에서 상강에 '둑제'라는 특별한 제사를 지냈어요. 둑은 고려와 조선 시대에 군대의 행렬 앞에 세우던 대장기, 즉 최고 지휘관인 대장을 나타내는 깃발이에요. 그 깃발을 신성하게 여기며 제사를 지낸 것이지요. 경칩과 상강에 둑제를 지냈다고 해요.

둑제는 한강변 뚝섬에서 지냈어요.

상강에 대한 속담

한 해 김치 맛은 상강에 달려 있다

서리를 맞은 배추와 무는 수분이 많아져 아삭거리는 느낌이 좋아, 김치를 담갔을 때 맛이 좋다 하여 생긴 말이에요.

상강 90일 두고 모 심어도 잡곡보다 낫다

상강 90일 전이면 7월 하순이에요. 이때 모내기를 하면 많이 늦지만 그래도 벼농사가 다른 잡곡 농사보다 낫다는 말로, 옛날에는 벼농사를 중요하게 여겼기에 생긴 말이지요.

11월 7일 무렵
입동 立冬

가을을 지나 겨울이 들어서는 날

24절기 중 열아홉 번째 절기이자 겨울의 첫 절기는 입동이에요. 서리가 내린다는 상강과 첫눈이 내리기 시작한다는 소설 사이에 있는 절기이지요. 양력 11월 7일이나 8일 무렵이에요. 입동은 한자어로 설 '입(立)' 자와 겨울 '동(冬)' 자가 합쳐진 말로, '겨울이 들어서다' 또는 '겨울로 들어서다'라는 뜻이에요. 즉 가을을 지나 겨울이 시작되는 때이지요.

입동 무렵이면 단풍도 지고 낙엽도 떨어지고 나무들은 점점 앙상해져 쓸쓸한 풍경이에요. 날씨는 변덕스러워 어느 날은 맑고 푸르고 따사롭다가도 또 어느 날은 기온이 뚝 떨어져 영하의 추위가 닥치기도 해요. 옛사람들은 이맘때면 곧 닥쳐올 겨울 채비에 쉴 틈이 없었어요.

김장하기

입동 무렵에 하는 겨울 채비 중에 가장 중요한 일은 김장이에요. 김장은 겨우내 먹을 김치를 담가 두는 것이지요. 김장은 입동 무렵에 수확한 배추와 무로 해야 김치가 맛이 있었어요. 입동이 지난 지 오래면 배추나 무가 얼어붙고 싱싱한 재료가 없어서 김치 담그기가 어려웠거든요.

노인잔치 치계미

입동에는 마을의 어른들을 모시고 선물과 음식을 마련하여 잔치를 벌이기도 했어요. 이를 '치계미'라고 불렀는데 지금의 노인잔치이지요. 치계미는 꿩, 닭, 쌀을 뜻하는 한자어예요. 옛날에 꿩과 닭, 쌀로 마을을 다스리는 사또를 대접하던 풍습에서 생겨난 것으로, 마을 어르신들을 사또를 대접하듯 정성껏 대접한다는 뜻이지요.

고사와 시루떡

우리 조상들은 입동 무렵인 음력 10월이면 집안이 아무 탈 없이 편안하기를 바라며 집안을 지켜 준다고 믿는 신들에게 제사를 지냈어요. 이를 '고사(告祀)'라고 하는데, 시루떡과 술을 준비하여 간단하게 치렀어요. 그래서일까요? 입동 무렵이면 햇곡식으로 시루떡을 만들어서 이웃들과 사이좋게 나누어 먹는 풍습도 있었지요.

입동에는 김장을 하지 않는다?

'입동에는 김장을 하지 않는다'는 말이 있어요. 옛사람들은 입동 날 하는 김장은 겨울을 날 준비가 다 됐다는 것을 뜻하기 때문에 그해 겨울이 더 추워질 거라 생각했대요. 겨울 준비를 미처 못 했으니 그해 겨울이 춥지 않기를 바라는 마음에서 비롯한 것으로 보여요.

입동에 대한 속담

입동이 지나면 김장도 해야 한다

입동 무렵이나 입동이 지나면 바로 김장을 해야 한다는 것을 강조하는 속담이에요.

입동 전 가위보리

입춘 때 보리를 뽑아 뿌리가 세 개면 보리 풍년이 든다고 점치는데, 입동 때는 뿌리 대신 잎을 보고 점을 쳤대요. 입동 전에 보리의 잎이 가위처럼 두 개가 나야 그해 보리 풍년이 든다는 말이 속담처럼 전해지고 있어요.

11월 22일 무렵
소설 小雪

겨울 첫눈이 내림

24절기 중 스무 번째 절기는 소설이에요. 겨울이 시작된다는 입동과 대설 사이에 있는 절기로, 양력 11월 22일이나 23일 무렵이지요. 소설은 한자어로 작을 '소(小)' 자에 눈 '설(雪)' 자가 합쳐진 말이에요. 풀이하면 '작은 눈'이라는 말이지만 첫눈이 내릴 정도로 겨울 추위가 성큼 다가왔다는 뜻이지요. 소설을 '눈이 적게 내린다'는 뜻으로 풀이하기도 해요.

눈이 오는 겨울이 되기는 했지만 눈이 내려봤자 아주 조금 내린다는 뜻이지요. 아직 따뜻한 햇살이 비치기도 해서 소설을 작은 봄이란 뜻으로 '소춘(小春)'이라고 부르기도 하거든요. 소설 무렵이면 눈발이 날리기도 하고 살얼음이 얼거나 땅도 얼기 시작해 우리 조상들은 겨울나기 준비에 한창이었어요.

손돌바람

소설 때 부는 매서운 바람을 '손돌바람'이라고 불러요. 다음과 같은 유래 때문이지요. 고려 시대 몽골군의 침입으로 왕이 강화로 피난을 갈 때, 손돌이란 뱃사공이 왕과 그 일행을 배에 태워서 건너게 되었어요. 김포와 강화 사이의 해협을 건너는데 손돌이 물살이 빠른 여울로 배를 몰자 왕은 자기를 해치고자 일부러 그러는 줄 알고 손돌의 목을 베게 하였어요. 손돌이 억울하게 죽은 날은 10월 20일(음력)이었는데, 그다음 해부터 이날이 되면 손돌의 원혼에 의해 매년 추운 바람이 불어왔다고 해요. 이 바람을 '손돌바람'이라 하고, 이 여울목을 '손돌목'이라 불렀어요. 더불어 어부들은 이날 바다에 나가는 것을 삼가고, 사람들은 겨울옷을 마련하는 풍속이 생기게 되었다고 해요.

겨울 채비

옛날에는 소설 무렵이면 무말랭이와 곶감 만들기, 시래기 말리기, 땔감으로 쓸 장작 패기, 창문 바르기 등등의 일들로 몹시 바빴어요. 입을 거리가 넉넉지 않았기에 솜을 두둑이 넣어 누비옷을 만들고 솜을 틀어 두툼한 이불도 마련해야 했지요.

소설에 대한 속담

소설 추위는 빚을 내서라도 한다
추운 겨울을 지나 봄에 추수하는 보리농사는 소설 시기부터 준비를 해요. 소설에 날씨가 추워야 보리농사가 잘된다고 생각해 빚을 내서라도 소설 추위를 맞이하고 싶다는 말이에요.

초순의 홑바지가 하순의 솜바지로 바뀐다
11월 초순은 아직 가을 날씨처럼 느껴 홑바지를 입지만 소설 즈음인 11월 하순이 되면 날씨가 추워지기 시작해 얇은 옷을 입던 사람들이 두꺼운 옷을 꺼내 입는다는 뜻이에요.

12월 7일 무렵
대설 大雪

큰 눈이 내려 반갑고 즐거운 날

24절기 중 스물한 번째 절기는 대설이에요. 소설과 일 년 중 밤이 가장 긴 동지 사이에 있는 절기로, 양력 12월 7일이나 8일 무렵이지요. 대설은 한자어로 큰 '대(大)' 자와 눈 '설(雪)' 자가 합쳐진 말이에요. '큰 눈이 온다'는 뜻이지요. 이름처럼 이날 꼭 눈이 많이 내리는 것은 아니지만 앞선 소설보다 조금 더 겨울이 깊어졌음을 뜻해요.

옛사람들은 대설 때 오는 눈을 '서설'이라 부르며 반겼다고 해요. 서설(瑞雪)은 '상서로운 눈'이란 뜻으로 복되고 좋은 일이 생길 것 같은 느낌이 들게 한다는 것이지요. 그래서 대설에 눈이 오면 아이 어른 할 것 없이 눈사람을 만들고 눈싸움도 하며 신나게 하루를 보냈어요.

다음 해에는 풍년!

농촌에서는 대설에 눈이 많이 오면 다음 해에 풍년이 든다고 생각했어요. 특히 눈이 보리밭을 하얗게 덮으면 보리농사가 풍년이 될 거라고 생각해 이 무렵 눈이 많이 오는 것을 반갑게 여겼다고 해요.

보리싹

메주 쑤기

옛날에는 대설 무렵이면 집집마다 메주를 쑤기에 바빴어요. 메주는 콩을 삶아 찧은 다음에 네모나게 덩어리를 지어 말린 것으로, 된장이나 고추장, 간장을 만드는 기본 재료이지요. 콩을 삶아 메주를 쑤면 며칠 방에 두어 말린 뒤, 짚을 깔고 서로 붙지 않게 해서 곰팡이가 나도록 띄워요. 알맞게 뜨면 짚으로 만든 끈을 만들어 열십자로 묶어 매달아 두지요.

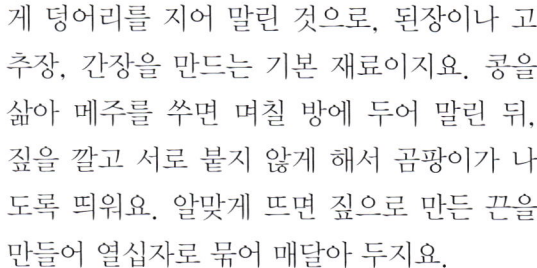

절기 중에 가장 해가 일찍 지는 날

일 년 중에 낮이 가장 짧고 밤이 가장 긴 날은 12월 22일 무렵인 동지예요. 하지만 해가 가장 일찍 지는 날이 동지는 아니랍니다. 우리나라에서 해가 가장 일찍 지는 날은 12월 5일에서 7일로 바로 대설 무렵이에요.

잘 자요~.

펑펑 눈이 오기를 비는 기설제

고려와 조선 시대에는 겨울에 눈이 내리지 않는 것도 자연재해라고 여겼어요. 나라에서는 대설 무렵이나 대설이 지나도 눈이 제대로 내리지 않으면 하늘에 눈이 내리게 해달라는 제사를 지냈지요. 이를 '기설제(祈雪祭)'라고 해요. 비가 오기를 비는 기우제보다는 훨씬 드물게 지내는 편이었지요.

눈이 와야 땅이 건강해지고 보리농사가 풍년이 됩니다.

대설에 대한 속담

대설에 눈이 많이 오면 풍년이 든다

겨울에 눈이 많이 내려서 산과 들에 물이 부족해지지 않고 가뭄이 들지 않기를 바라는 마음에서 생겨난 말이에요. 눈이 녹으면서 식물이 잘 자랄 수 있도록 수분을 공급하기 때문이지요.

눈은 보리의 이불이다

대설에 눈이 많이 내려야 좋다는 말로, 눈이 보리를 덮어 보온이 되면 냉해를 적게 입어 보리 풍년이 든다는 뜻이에요.

12월 22일 무렵
동지 冬至

밤이 가장 긴 겨울날

24절기 중 스물두 번째 절기는 동지예요. 눈이 많이 내린다는 대설과 추위가 가장 심한 소한 사이에 있는 절기이지요. 양력 12월 21일이나 22일 무렵으로 일 년 중에서 밤이 가장 길고 낮이 가장 짧은 날이에요. 동지는 한자어로 겨울 '동(冬)' 자와 이르다 '지(至)' 자가 합쳐진 말이에요. 비로소 겨울다운 겨울이 되었다는 뜻이지요. 겨울의 영향이 두루 미치는 절기가 되었다는 뜻이기도 해요.

동짓날을 기준으로 짧아졌던 낮이 다시 점점 길어지기에 옛사람들은 동짓날을 태양이 죽음에서 새로 태어나는 날이라 생각했고, 동서양 모두 새해를 시작하는 매우 중요한 절기로 여겼어요. 동지가 드는 달인 음력 11월을 '동짓달'이라고 부른 것도 동짓날을 중요하게 여겼기 때문이지요. 우리나라에서는 '작은 설'이라 부르며 설날에 버금가는 날로 여겨 여러 행사를 벌이기도 했어요.

동지책력

조선 시대에 천문과 지리, 기후 등을 담당하던 관청인 관상감에서 일 년 동안에 해와 달이 뜨고 지는 일, 월식과 일식, 절기, 그 밖의 기상 변화 등을 적어 놓은 책인 '책력'을 만들면 임금은 관원들에게, 관원들은 친지들에게 동지 선물로 나누어 주었어요. 이렇게 동지에 책력을 선물로 보내는 것을 '동지책력'이라 불렀어요.

동지하례

궁궐에서는 동지에 왕과 왕세자, 모든 신하가 모여 '회례연'을 열기도 했어요. 회례연은 신하들이 임금에게 축하의 인사를 드리고, 왕은 잔치를 베풀어 신하들의 한 해 동안의 수고를 칭찬하는 모임이에요. 임금과 신하 사이에 화목을 다지고 새해에도 열심히 나라와 백성을 위해 일할 것을 다짐하는 대규모 잔치였지요. 이를 동짓날 행하는 하례, 즉 축하 의식이라 하여 '동지하례'라고 부르기도 했어요.

동지팥죽

동지에 우리 조상들은 꼭 팥죽을 쑤어 먹었어요. 이를 '동지팥죽'이라고 부르는데, 팥죽이 나쁜 기운과 귀신을 물리치는 데 도움을 준다고 믿었기 때문이에요. 동지는 밤의 길이가 가장 길어 어둡고 차가운 기운이 강해 귀신의 활동이 왕성하기에, 해처럼 붉은 색을 띤 팥죽을 쑤면 밝고 따뜻한 기운을 받을 수 있다고 생각한 것이지요. 팥죽을 쑤어 조상께 제사를 지내고, 대문이나 벽에 뿌리며 새해에 큰 탈이 없이 잘 지내기를 기원했어요.

동지사와 그 일행들

조선 시대에는 동지 무렵 명나라와 청나라에 보내던 사신을 '동지사(冬至使)'라고 불렀어요. 동지 때쯤 한양을 출발해서 그해가 지나기 전에 북경에 도착하여 두 달 정도를 머문 뒤에 다시 한양으로 돌아오는 사행단을 말하지요. 사행단은 총 책임자인 정사, 정사를 보조하는 부사, 외교 문서 작성과 행차의 기록을 담당하는 서장관 등 정식 사신을 비롯해 역관, 의관, 화원, 군관 등 40여명의 관리가 수행하였고, 시종과 상인 등을 포함해 인원이 모두 200~300명이나 되었어요.

크리스마스는 원래 동짓날?

고대 로마에서는 낮이 점점 짧아지면 태양이 죽어 가는 것으로, 동지를 기점으로 낮이 길어지면 태양이 되살아나는 것으로 생각하여 태양신을 기리던 축제가 있었어요. 하지만 기독교가 보급되고 국교로 삼은 뒤에는 동짓날 태양신을 기릴 수는 없으니, 대신 예수 그리스도의 탄생을 기념하는 날로 바꾸어 동짓날이 크리스마스가 되었다는 이야기가 있어요.

동지에 대한 속담

동지 지나 열흘이면 해가 노루 꼬리만큼씩 길어진다

동지가 지나면 해가 조금씩 길어지는 것을 노루 꼬리에 빗대어 표현한 말이에요. 매우 짧고 뭉툭한 노루 꼬리처럼 아주 조금씩 길어진다는 뜻이지요.

동지가 지나면 푸성귀도 새 마음 든다

추운 겨울 몸을 움츠리고 있던 각종 푸성귀들이 동지가 지나면 다가올 봄을 기다리며 마음을 가다듬기 시작한다는 뜻이에요.

동지 때 개딸기

이미 철이 지나서 도저히 얻을 수 없는 것을 바란다는 말이에요.

1월 5일 무렵
소한 小寒

매서운 추위가 닥쳐옴

24절기 중 스물세 번째 절기는 소한이에요. 밤이 가장 긴 동지와 가장 춥다는 대한 사이에 있어요. 양력 1월 5일이나 6일 무렵으로 해가 바뀌고 처음 오는 절기이지요. 소한은 한자어로 작을 '소(小)' 자와 찰 '한(寒)' 자가 합쳐진 말이에요. '작은 추위'라는 말인데, 다음 절기인 대한(大寒)과 짝을 이루며 대한보다는 덜 추운 날이라는 뜻으로 작을 '소(小)' 자를 써서 추위를 표현한 것이지요.

찰 '한(寒)' 자는 날이 차서 집에서도 사람이 몸을 움츠리는 모양을 나타낸 글자예요. 절기의 이름으로는 대한이 가장 추운 때지만 우리나라에서는 대한보다 소한이 더 추울 때가 많아요. 이렇게 추운 한겨울을 사람들은 어떻게 지냈을까요?

겨울 준비

농촌에서는 겨울철을 '농한기'라고 해요. 농사일이 바쁘지 않아 한가로운 때라는 말이지요. 하지만 입동과 소한 무렵부터 추위가 풀리는 입춘 무렵까지 심한 추위와 많은 눈에 대비하여 지낼 식량과 땔감을 충분히 마련해 놓아야 했어요. 남자들은 밤이면 사랑방에 모여 새끼도 꼬고 가마니도 짜면서 다음 해 농사 준비를 하고, 여자들은 옷가지를 수선하거나 길쌈으로 옷을 장만하며 날을 지냈지요.

길쌈(베 짜기)

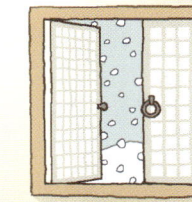

짚신 짜기 / 가마니 짜기 / 새끼줄 꼬기

정초 한파

소한 때의 추위가 얼마나 매서웠으면 '대한이 소한 집에 가서 얼어 죽었다'라는 말이 생겨났을까요? 소한은 해가 양력으로 바뀌고 처음 나타나는 절기이기에 이 추위를 '정초(한 해의 처음) 한파'라고도 해요. 한파는 겨울철에 기온이 갑자기 내려가면서 들이닥치는 추위를 말해요.

한파가 오면 방 안이 최고!

작은 추위? 몹시 매서운 추위!

절기 이름은 작은 추위라는 소한이지만 겨울 추위 중에서도 소한 무렵의 추위가 가장 매서워요. 우리나라에서 일 년 중 가장 추운 시기는 양력 1월 15일 무렵이거든요. 바로 소한과 대한 사이가 되지요.

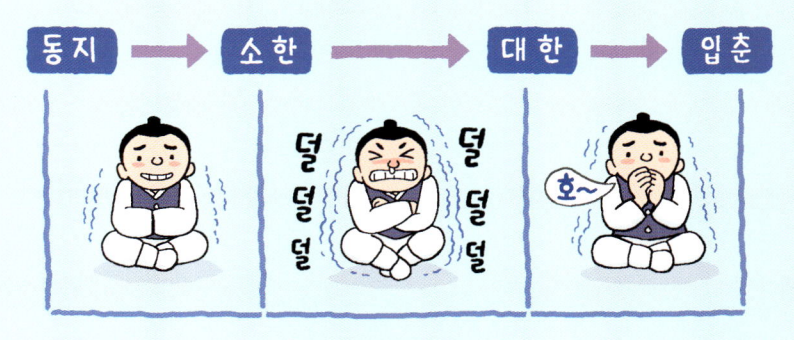
동지 → 소한 → 대한 → 입춘

삼한사온

우리나라는 겨울철에 '삼한사온'이라는 기후 현상을 보여 왔어요. 삼한사온이 본격적으로 시작되는 때가 바로 소한 무렵부터이지요. 삼한사온은 7일 중에 보통 3일은 춥고, 4일은 따뜻한 현상을 말해요. 그러나 요즘은 지구 온난화에 따른 이상 기후 현상으로 삼한사온이 잘 지켜지지 않고 있어요.

사흘쯤 추위가 계속되다가, / 나흘쯤은 비교적 따뜻한 날씨가 이어지죠.
1 2 3 — 3한 / 4 5 6 7 — 4온

소한에 대한 속담

대한이 소한 집에 놀러 갔다가 얼어 죽었다
소한 때의 추위가 대한 때의 추위보다 더 세다는 뜻의 속담이에요.

소한에 얼어 죽은 사람은 있어도 대한에 얼어 죽은 사람은 없다
대한보다 소한 추위가 더 심하다는 말이에요.

소한 추위는 꾸어다가라도 한다
소한 때가 가장 추운 때이므로 춥지 않다가도 소한이 되면 반드시 추워진다는 뜻이에요.

1월 20일 무렵
대한 大寒

겨울 절기와 24절기의 마지막

24절기 중 스물네 번째 절기, 즉 마지막 절기는 대한이에요. '작은 추위' 소한과 봄의 시작을 알리는 입춘 사이에 있는 절기이지요. 양력 1월 20일이나 21일 무렵이며, 음력으로는 12월 중순으로 한 해의 마지막 달을 마무리하는 절기예요. 동지에서 한 달째 되는 날이기도 하지요. 대한은 한자어로 큰 '대(大)' 자와 찰 '한(寒)' 자가 합쳐진 말로 '큰 추위'라는 뜻이에요. 한 해 중에 가장 추위가 심한 때를 나타내는 말이지만, 우리나라에서는 소한보다 덜 추워 이름값을 제대로 못하는 절기처럼 여겨지기도 해요.

그렇지만 소한보다 대한이 더 추운 때도 많아 제대로 이름값을 할 때도 있답니다. 소한에는 갑자기 세찬 추위가 몰려와 사람들의 몸과 마음이 추위에 깜짝 놀라 몹시 춥게 느껴졌다면, 대한 때가 되면 이미 추위와 살짝 친해져 추위를 덜 느끼는 건 아닐까요?

꽃다지, 냉이, 망초

대한 무렵이면 한겨울 추위 속에서도 꽃다지나 냉이, 망초 같은 나물로 먹을 수 있는 풀들이 자라요. 한겨울에도 파릇파릇 봄기운이 자라듯 말이지요.

해넘이

우리 조상들은 대한 때의 마지막 날, 즉 입춘의 전날을 '절분(節分)'이라 하여 한 해의 마지막 날로 여겼어요. 절분 날 밤을 '해넘이'라 부르며 콩을 방이나 마루에 뿌려 악귀를 쫓고 새해를 맞는 풍습이 있었지요. 진짜 새해가 되는 것처럼 말이에요.

겨울 추위를 이겨 내는 음식 즐기기

대한 때는 소한 못지않은 매서운 추위가 오거나 머무는 때이지요. 옛사람들은 여러 가지 음식을 즐기며 이 추위를 이겨 냈어요. 농촌에서는 찰밥을 짓고 시래깃국을 끓이고 동치미와 녹두전을 만들어 먹었지요. 이때 주로 먹는 음식으로 죽을 꼽을 수 있어요. 겨울철 크게 힘쓸 일 없이 놀고먹기에 삼시 세 끼 밥을 먹기가 죄스러워 점심 한 끼는 죽을 먹었다고 해요.

신구간

'신구간'은 대한으로부터 5일 이후에서 입춘 3일 전까지의 기간을 말해요. 옛사람들은 이 기간 동안에는 집안의 운수를 맡아 다루는 신들이 임무 교대를 하려고 하늘로 올라가 자리를 비우게 된다고 생각했어요. 이때는 이사나 집수리를 하더라도 신의 노여움을 받지 않는다고 여겨, 제주도에서는 주로 이 기간에 이사를 하거나 집수리와 집안 손질을 했지요.

대한에 대한 속담

춥지 않은 소한 없고 포근하지 않은 대한 없다
소한의 추위에 비하면 대한은 그나마 포근하다고 느껴진다는 말이에요.

대한 끝에 양춘이 있다
대한이라는 큰 추위의 고비만 넘기면 양춘(陽春), 따뜻한 봄이 올 것이라는 의미의 속담이에요. 현재의 어려운 상황을 잘 극복하면 성공할 수 있다는 희망을 전해 주는 의미로도 쓰여요.

찾아보기

ㄱ

가래질 ··· 12
가마니 ··· 37
가을걷이(추수) ································· 27, 29
감자 ··· 17, 19
건양다경 ··· 5
겨울나기 ··· 32
겨울잠 ·· 8, 27
경칩 ·· 3, 8
《고려사》 ·· 28
고로쇠 ··· 9
고사 ··· 31
곡우 ·· 3, 13
곡우물 ··· 13
곡우살이 ··· 13
곡우화 ··· 13
과일 ··· 20, 21
국화 ··· 28, 29
국화전 ··· 28
국화주 ··· 28
귀신 ·· 5, 35, 39
그라운드호그 데이 ···································· 9
근친(귀녕) ··· 26
기러기 ··· 6, 28
기설제 ··· 33
기우제 ··· 19
기청제 ··· 23
길쌈(베 짜기) ··· 37
김매기 ·· 16, 20, 21
김장 ··· 23, 31
김치 ··· 29, 31
까끄라기 ··· 17

ㄴ

나물 ································· 5, 7, 16, 39
나이떡 ··· 11
날씨 ·· 11, 23, 26
내 나무 ··· 12
노루즈 ·· 11
노인성(카노푸스) ····································· 27
노인잔치 ··· 31
《농가월령가》 ··· 23
농한기 ··· 37
누에치기 ··· 15

ㄷ

다산 ··· 26
단풍 ··· 28, 29
달걀 ··· 15
대보름 ··· 7
대서 ··· 3, 21
대설 ··· 3, 33
대한 ··· 3, 38
더위 ··· 20, 21
동지 ··· 3, 34
동지사 ··· 35
동지책력 ··· 35
동지팥죽 ··· 35
동지하례 ··· 35
동짓날 ·· 34, 35

된장 ··· 7
둑제 ··· 29
들깨 ··· 15

ㄹ

로마 ··· 11, 35

ㅁ

마이스통 ··· 19
말복 ··· 21, 23
망종 ·· 3, 17
매실 ··· 17, 19
머슴떡 ··· 11
메주 ··· 7, 33
멕시코 ··· 11
모내기 ·· 16, 17, 20
모란 ··· 13
몸무게 ··· 15
못자리 ··· 13
미국 ··· 9
미꾸라지(추어) ·· 28
민어 매운탕 ··· 20
밀 ·· 20

ㅂ

밤꽃 ··· 17
백로 ·· 3, 26
백중 ··· 25
벌레 ··· 27
벌초 ··· 25, 26
볍씨 ··· 13
보리 ··· 15, 16, 17
보리농사 ·· 32, 33
보리뿌리점 ··· 5
보릿고개 ·· 16, 17
봄나물 ··· 7
봄비 ·· 6, 13
봉숭아꽃(봉선화) ···································· 16
부활절 ··· 11
불볕더위 ··· 21
빙고 ·· 11

ㅅ

사한 ··· 11
사한제 ··· 11
삼복 ··· 21
삼복더위 ··· 21
삼한사온 ··· 37
상강 ·· 3, 29
새끼줄 ··· 37
서리 ··· 29
서설 ··· 33
선농단 ··· 9
선농제 ··· 9
설렁탕 ··· 9
세자 ··· 21
소만 ·· 3, 16
소서 ·· 3, 20
소설 ·· 3, 32
소춘 ··· 32
소한 ·· 3, 36
손돌목 ··· 32

손돌바람 ··· 32
수리취떡 ··· 15
수여산 부여해 ··· 5
스웨덴 하지 축제 ···································· 19
스톤헨지 ··· 19
시루떡 ··· 31
식목일 ··· 12
신구간 ··· 39
써레 ··· 15
쑥떡 ··· 15
씀바귀나물 ·· 16
씨앗 ··· 7

ㅇ

아프가니스탄 ··· 11
양력 ··· 23
영국 ··· 19
오곡밥 ··· 7
오신반 ··· 5
오하기 ··· 27
우수 ·· 3, 6
유월절 ··· 11
은행나무 ··· 9
음력 ··· 23
이란 ··· 11
이분 ··· 27
이슬 ··· 24, 26
이집트 ··· 11
이팝나무 ··· 15
일본 ··· 5, 20, 27
입동 ·· 3, 30
입추 ·· 3, 22
입춘 ·· 3, 4
입춘대길 ··· 5
입춘방(입춘첩) ··· 5
입하 ·· 3, 14

ㅈ

잔치 ·· 25, 31, 35
잡초 ·· 15, 16, 20, 21
장마 ··· 20, 23
장어 ··· 19
절기 ·· 3, 7
절분 ·· 5, 39
점치기 ·································· 5, 11, 23
정월 ··· 7
정초 한파 ··· 37
제사 ·································· 12, 13, 27, 31, 35
조기 ··· 13
《조선왕조실록》 ····························· 15, 25
죽 ·· 39
죽순 ··· 16
중국 ·································· 13, 15, 20, 29
중기 ··· 7
《중종실록》 ··· 21
《증보산림경제》 ····································· 11
짚신 ··· 37
찜통더위 ··· 21

ㅊ

채비 ··· 23, 32
책력 ··· 35
처서 ·· 3, 24
처서비 ··· 25

철새 ··· 6, 28
청명 ·· 3, 12
청명주 ··· 12
초여름 ·· 15, 16
추분 ·· 3, 27
추분의 날 ··· 27
추수(가을걷이) ································· 27, 29
추어탕 ··· 28
추위 ··· 36, 38
축제 ·· 11, 19, 35
춘분 ·· 3, 10
춘첩자 ··· 5
치계미 ··· 31
칠석날 ··· 20

ㅋ

크리스마스 ··· 35

ㅌ

타작 ··· 28
태양 ··························· 3, 10, 18, 34, 35
태양신 ·· 11, 35
태풍 ··· 27
튀르키예 ··· 11

ㅍ

팥죽 ··· 35
페르시아 ··· 11
포도 ··· 26
포도순절 ··· 26
포쇄 ··· 25
피서 ··· 21

ㅎ

하지 ·· 3, 18
하짓날 ··· 19
한로 ·· 3, 28
한식 ··· 12
해넘이 ··· 39
해충 ·· 7, 15
현충일 ··· 17
호미씻이 ··· 25
회례연 ··· 35
흙벽 ··· 9

24절기 ·· 3

글 지호진
전통문화와 문화 관광 관련 잡지사에서 기자로 활동하다가 지금은 어린이 책 전문 기획 편집과 집필을 하고 있습니다.
지은 책으로는 《한눈에 펼쳐보는 세시 풍속 그림책》, 《한 권으로 보는 그림 한국사 백과》, 《한눈에 반한 우리 문화》,
《공부가 쉬워지는 한국사 첫걸음》, 《오늘은, 별자리 여행》, 《아하! 그땐 이런 과학기술이 있었군요》 등이 있습니다.

그림 이혁
어린이 친구들을 위한 재미있고 유익한 그림을 그리고 있습니다.
그린 책으로는 《한눈에 펼쳐보는 우리 명화 그림책》, 《한눈에 펼쳐보는 세시 풍속 그림책》, 《한눈에 펼쳐보는 문화유산 그림책》,
《한눈에 펼쳐보는 한국사 연표 그림책》, 《한눈에 펼쳐보는 대동여지도》, 《한 권으로 보는 그림 한국사 백과》,
《오늘은, 별자리 여행》, 《아하! 그땐 이렇게 살았군요》, 《그림 성경 100대 인물》 등이 있습니다.

한눈에 펼쳐보는 24절기 그림책

1쇄 · 2023년 1월 24일 7쇄 · 2025년 9월 1일 글 · 지호진 그림 · 이혁 발행인 · 허진 발행처 · 진선출판사(주)
편집 · 김경미, 최윤선, 최지혜 디자인 · 고은정 총무 / 마케팅 · 유재수, 나미영, 허인화
주소 · 서울시 종로구 삼일대로 457 (경운동 88번지) 수운회관 15층 전화 (02)720-5990 팩스 (02)739-2129 홈페이지 www.jinsun.co.kr
등록 · 1975년 9월 3일 10-92 ※책값은 뒤표지에 있습니다. ISBN 979-11-90779-99-9 74000 ISBN 978-89-7221-634-6 (세트)
글 ⓒ 지호진, 2023 그림 ⓒ 이혁, 2023

진선아이 는 진선출판사의 어린이책 브랜드입니다.
마음과 생각을 키워 주는 책으로 어린이들의 건강한 성장을 돕겠습니다.